Diógenes Dantas Filho

EDITORA
CIÊNCIA MODERNA

Segurança Pessoal – 2ª Edição

Editor: Paulo André P. Marques
Produção Editorial: Dilene Sandes Pessanha
Capa: Amarilio Bernard
Diagramação: Daniel Jara
Copidesque: Equipe Ciência Moderna

FICHA CATALOGRÁFICA

DANTAS FILHO, Diógenes.

Segurança Pessoal – 2ª Edição

Rio de Janeiro: Editora Ciência Moderna Ltda., 2021.

1. Serviços de polícia
I — Título

ISBN: 978-65-5842-004-0 CDD 363.2

Editora Ciência Moderna Ltda.
R. Alice Figueiredo, 46 – Riachuelo
Rio de Janeiro, RJ – Brasil CEP: 20.950-150
Tel: (21) 2201-6662/ Fax: (21) 2201-6896
E-MAIL: LCM@LCM.COM.BR
WWW.LCM.COM.BR **07/21**

Prefácio

Dois temas dominaram o cenário nacional, durante a recente campanha destinada a eleger o Presidente da República, Governadores de Estado, e a renovar a representação popular no Senado e Câmara dos Deputados: refiro-me à segurança e trabalho.

Questões relevantes como saúde, educação, transportes, comércio internacional, foram debatidas, mas as preocupações dominantes se voltaram para os assuntos trabalho e segurança, tentando os candidatos responder às inquietações de milhões de eleitores, distribuídos pelo território nacional.

É necessário admitir que, se não se constituem nos problemas mais agudos, trabalho e segurança estão no centro das atenções, pois o que se sofre é a crescente falta de trabalho e de emprego, e o aprofundamento da violência, fruto do crime organizado e dos delitos cometidos por marginais que se valem das oportunidades para agredir, assaltar, matar, invadir, destruir, em aberto desafio às autoridades constituídas.

Já nos convencemos de que o sistema de segurança pública, constituído pelas polícias estaduais: civil e militar e, na sua esfera de competência, pela polícia federal, é indispensável, mas insuficiente. Necessário se revela que cada cidadão e cada empresa passem a adotar medidas preventivas, no sentido de se garantirem contra os marginais, desde aqueles que praticam pequenos assaltos de trânsito, valendo-se de eventual descuido do motorista, até os que sequestram para cobrar vultosos resgates e não vacilam em matar a vítima.

O livro do Coronel de Infantaria Diógenes Dantas Filho, especialista em armamentos, explosivos e segurança, é de leitura obrigatória, devendo ser recebido como importante contribuição para o conhecimento da matéria.

São Paulo, novembro de 2002.

Almir Pazzianotto Pinto

Sumário

Capítulo 1

Introdução

A palavra segurança vem do latim segurus, que significa aquilo que se encontra firme, seguro, livre do perigo, da ansiedade.

A segurança pode ser dividida em pública e privada. À medida que a primeira se torna ineficaz, a segunda tende a crescer, inclusive com tecnologia, sob normas específicas do Estado.

A segurança pública no Brasil, de há muito, acabou sendo relegada a um segundo plano.

A sociedade sempre acreditou nos resultados da repressão. Quando surgia um problema, anulavam-se as consequências, deixando as causas em um plano secundário, caracterizando dessa forma descaso no que tange às medidas preventivas. A segurança pública, entendida de forma bem genérica, teve sua origem no Brasil com a colonização portuguesa.

A vinda da Família Real (1808) e o Brasil Império (1822-1889) deram novos matizes à problemática da segurança pública. É bem verdade que, em muitos casos, ela foi confundida com a própria necessidade de manutenção da integridade territorial, e nesse período considerado (1808-1889) o Brasil passou por situações difíceis, com grave comprometimento da lei, da ordem e da paz social.

A Regência, em nome do imperador, criou no Estado do Rio de Janeiro em 10 de outubro de 1831, o primeiro núcleo de Polícia Militar, autorizando as demais províncias a fazerem o mesmo.

A Guarda Nacional foi criada em 18 de agosto de 1832, para enfrentar as agitações na ordem pública no período regencial (1831 – 1840).
A Lei Nº 261, de dezembro de 1841, estabeleceu a bipartição da polícia em administrativa e judiciária.

Na República Velha (1889-1930), o país ainda procurava se adequar ao novo regime e havia problemas de ordem político-social-econômica que deveriam ser equacionados, sendo a segurança pública tratada de maneira não prioritária.

Neste período, registra-se o atentado ao Presidente Prudente de Morais no Rio de Janeiro, que acarretou na morte do Marechal Bittencourt, em 1897.

Este fato é um marco para segurança de autoridades no Brasil, assim como foi para os Estados Unidos o assassinato do Presidente Abraham Lincoln, em 1865.

Em 1918, a Guarda Nacional foi extinta por ser vulnerável às influências políticas, não ter tradição de hierarquia e disciplina, ser instrumento das oligarquias, participar em rebeliões regionais.

No governo Getúlio Vargas (1930-1945), a segurança pública ganhou novos contornos e, em determinadas fases, em muito se aproximou da própria segurança do Estado.

A partir de 1930, incrementaram-se as Secretarias de Segurança Pública (SSP), reunindo todas as forças policiais de cada Estado em um só órgão, sob comando único, desvinculando os assuntos da segurança do cidadão das Secretarias de Justiça.

Após a Revolução Constitucionalista de 9 de julho de 1932, eclodida em São Paulo, a União recebeu competência para legislar sobre normas de organização, efetivo, material bélico, garantias, convocação e modificação das Polícias Militares e Corpos de Bombeiros Militares – que fazem parte da segurança pública com a Constituição de 1934.

A partir de 1946, o assunto passou a ter novos matizes, sendo abordado de forma mais direta e moderna, particularmente com a edição de leis adequadas e coerentes com o momento vivido. Como exemplo, pode-se citar a própria Constituição Federal de 1946 e o Código de Processo Penal desse mesmo ano.

Em 1954, o jornalista e político Carlos Lacerda sofreu um atentado na Rua Toneleros, em Copacabana, no Rio de Janeiro, que resultou na morte do Major da Força Aérea Brasileira (FAB) Rubens Vaz. Na apuração, concluiu-se que Gregório Fortunato — fiel guarda pessoal de Getúlio Vargas — fora o arquiteto do maquiavélico plano.

O mundo bipolarizado não poderia deixar de trazer reflexos para o quadro da política nacional. Assim, o Brasil foi atingido pela dicotomia do capitalismo versus comunismo. No período compreendido entre 1964 e 1985, a segurança pública ganhou destaque e realce, amalgamando-se, na prática, com a própria segurança do Estado ou até mesmo com a defesa do Estado, em face da ameaça de expansão do comunismo.

A partir de 1969, pelo Decreto-Lei nº 667, de 02 Julho de 1969, alterado pelo Decreto-Lei nº 1.072, de 30 de dezembro de 1969, os estados foram proibidos de ter outra organização policial uniformizada; dando, assim, identidade policial às polícias militares.

Passados os anos do governo militar, terminada a guerra fria, desmoronado o império soviético, a segurança pública deixou de ter a componente ideológica e fixou-se na problemática da criminalidade.

Mas os agentes do crime organizado movimentam grande volume de dinheiro envolvido nas transações ilícitas e utilizam-se de recursos tecnológicos implicando em uma nova dinâmica no conceito de segurança pública.

Hoje em dia, a penetração das organizações criminosas nas diversas camadas sociais, o poder da corrupção, a busca por maior espaço e poder político e a facilidade em se ganhar e movimentar, rapidamente, significativa cifra financeira fazem com que as organizações criminosas extrapolem a simplicidade do crime comum e passem a ameaçar estados organizados ou não.

Deve-se entender que, pelas dimensões continentais do Brasil, a problemática da segurança pública ganhou contornos regionalizados, ficando difícil uma visão nacional do assunto.

A Constituição Federal de 1988, nos incisos XXI e XXII no art. 22, delega competência privativa à União para legislar sobre as Polícias Militares e Corpos de Bombeiros Militares, Polícia Federal, Rodoviária e Ferroviária e no seu art. 144, diz que segurança pública é dever do Estado, direito e responsabilidade de todos, exercida para a preservação da ordem pública e da incolumidade das pessoas e do patrimônio.

A presença da incolumidade das pessoas e do patrimônio está consubstanciada no art. 5º da Constituição de 1988.

Deputado Federal Jair Bolsonaro durante sua campanha eleitoral para a presidência do Brasil em 6 de setembro de 2018, em Juiz de Fora-MG, sofreu um atentado, ficando gravemente ferido.

Mas, quando se trata da ***ordem pública***, o termo é vago e amplo no seu entendimento e, muitas vezes, fica a cargo das autoridades competentes interpretá-lo e julgar se houve ou não seu comprometimento.

Assim, hoje, a segurança pública ganha novos vetores além da componente policial e tem seu conceito ampliado.

A violência aflige a todas as pessoas e sua origem é multifacetada, tendo como causas o grande efetivo populacional nos centros urbanos, o desemprego, a falência do sistema educacional, a lentidão da justiça, a impunidade, o anacronismo da legislação, o caos do sistema prisional, o desrespeito à autoridade e à pessoa humana entre outras. Ela, como fenômeno social, sempre esteve ligada a incapacidade de controle e ou a omissão do estado, portanto, segundo Victor Hugo: "construir uma escola é deixar de construir um presídio".

O Estado não tem obtido resultados satisfatórios com suas políticas de segurança do cidadão, inclusive este tema tem servido de plataforma política para muitos candidatos a cargos eletivos.

Os conhecimentos que serão expostos podem ajudar o cidadão comum, a aquele que vai contratar uma assessoria de segurança pessoal ou a quem vai integrá-la. O apanágio da segurança pessoal é evitar o atrito, o conflito e garantir a liberdade do assegurado.

Capítulo 2

Conceitos a Respeito de Segurança VIP

Desde a Antiguidade são cometidas as mais diversas formas de agressão contra pessoas importantes "Very Important People (VIP)" com os propósitos de causar a morte, produzir danos físicos ou morais, desmoralizar ou aterrorizar alguém.

Os conceitos a respeito de segurança VIP são válidos para qualquer assegurado.

A Constituição Federal prescreve:

> "**Art. 5º**: Todos são iguais perante a lei, sem distinção de qualquer natureza, garantindo-se aos brasileiros e aos estrangeiros residentes no país a inviolabilidade do direito à vida, à liberdade, à igualdade, à segurança e à propriedade".
>
> "**Art. 6º**: São direitos sociais a educação, a saúde, o trabalho, o lazer, a segurança, a previdência social, a proteção à maternidade e à infância, a assistência aos desamparados, na forma da Constituição."
>
> "**Art.144**: A segurança pública, dever do Estado, direito e responsabilidade de todos, é exercida para a preservação da ordem pública e da incolumidade das pessoas e do patrimônio..."

Isso obriga o Estado a assumir a proteção do cidadão, que muitas das vezes não consegue e delega essa atribuição a agentes privados, que também, normalmente não estão preparados. Porém o ordenamento jurídico é amplo e deve ser de conhecimento daquele que vai proporcionar segurança a qualquer pessoa.

Conceitos Básicos

Segurança é um conjunto de medidas tomadas com o objetivo de evitar a surpresa, a espionagem, a sabotagem ou qualquer outra perturbação à integridade física e moral do VIP.

Há especialistas que fazem diferença entre segurança e defesa – para eles a segurança é um estado sem ameaça, e defesa é uma ação passiva ou ativa para conter um tipo de ameaça.

Os graus de segurança são proteção, cobertura e vigilância.

Proteção é a ação proporcionada à autoridade, de forma a impedir a observação direta, o fogo direto e o ataque-surpresa de um oponente. É obtida graças à atuação do posicionamento dos agentes de segurança pessoal (ASP), nos flancos, na vanguarda e na retaguarda.

Cobertura é a ação de segurança proporcionada à autoridade, com agentes de segurança pessoal distanciados e orientados na sua direção. Procuram interceptar, desorganizar e enganar o oponente antes de ele atuar.

Vigilância é a ação que permite dar o alerta oportuno de um perigo; normalmente, realiza-se mediante a observação discreta e sem manifestação de força.

Daí o questionamento da arma do vigilante, ela, a princípio, é para dar alerta oportuno e defender a sua integridade.
A segurança em torno de uma autoridade, de acordo com conceitos consagrados mundialmente, desenvolve-se em três círculos concêntricos.

segurança ostensiva – é formada por policiamento ostensivo e de trânsito apoiados por bombeiros e médicos. Os encarregados dessa segurança trabalham uniformizados e com trajes da atividade-fim. O policiamento ostensivo é responsável, em princípio, pelo aprisionamento de agressores;

segurança velada – pode ser representada por especialistas de inteligência da própria assessoria do serviço de segurança. Muito utilizada na preservação de ambientes após inspeção técnica ou varredura ou descontaminação, assim como infiltrada no público em geral;

segurança física aproximada ou pessoal – é a que atua mais diretamente com a autoridade, conhecendo suas peculiaridades, podendo haver, inclusive, um vínculo afetivo. É o seu escudo humano, e tem a missão de mantê-la viva. Mantém uma segurança pessoal próxima da autoridade – normalmente o chefe da equipe de segurança –, a uma distância máxima igual ao comprimento do braço do segurança pessoal, de modo que possa intervir fisicamente.

2.1 Princípios

A atividade de segurança permite a aplicação de alguns princípios da doutrina militar. Contrariar um princípio constitui erro grave.

Princípio do objetivo

A atividade de segurança física tem objetivo claro e definido: dele resulta a missão da preservação física e moral do VIP.

Princípio da segurança

Consiste nas medidas necessárias para evitar a surpresa, a espionagem, a conservação, a inquietação, a fim de assegurar a liberdade de ação do VIP. Assegura um alto grau de inviolabilidade contra influências ou atos hostis.

Princípio da ofensiva

Mantém a liberdade de ação do VIP por meio de informações oportunas. Permite que a segurança tome iniciativa, imponha sua vontade, faça frente à situação inesperada, sem dar qualquer oportunidade ao oponente. Dele resulta o fundamento que a assessoria de segurança existe para garantir a liberdade de ação do VIP e não para restringi-la.

Princípio da surpresa

A assessoria de segurança deve procurar surpreender sempre, evitando que o oponente obtenha êxito em sua ação. A surpresa permite alcançar o êxito em desproporção ao esforço dispensado. Pode ser obtida com o máximo de informações recebidas e o mínimo necessário, transmitidas, de modo que o oponente não tenha tempo para preparar ou reformular o planejamento de sua ação.

Princípio da simplicidade

O plano mais simples deve ser o preferido, pois ordens claras e concisas aumentam a compreensão e evitam a confusão, contribuindo para o êxito da missão.

Princípio da unidade de comando

coordenação de todas as forças de segurança é mais bem obtida quando há um único responsável com o poder de intervir de imediato em qualquer um dos organismos envolvidos, de forma a assegurar resposta adequada às possíveis investidas externas.

Princípio da massa

Uma força numericamente inferior deve obter superioridade decisiva, desde que seja aplicada no momento e local oportunos. Esta força é obtida com uma equipe bem treinada e posicionada em determinados pontos.

Princípio de economia de forças

É o emprego do menor número de meios compatíveis em todos os pontos que não seja o do esforço principal. Pode ser caracterizado pela exigência de anéis de segurança, com a segurança pessoal em torno do VIP e com o policiamento ostensivo distribuído proporcionalmente pelo público.

Princípio da manobra

Deve-se reagir de forma coordenada e oportuna às situações apresentadas. O dispositivo de segurança exige flexibilidade de organização, apoio administrativo adequado, comando e controle eficientes.

2.2 Fundamentos

Uma vez que o oponente é desconhecido e eminente, devem-se considerar os seguintes fundamentos:

- **utilização apropriada do terreno** – pois normalmente o terreno se apresenta em áreas edificadas com campos de vista e de tiro reduzidos, pois exige mais coordenação e controle das operações, com canalização do movimento de viaturas para as ruas longitudinais;

- **necessidade de segurança em todas as direções** – para evitar a surpresa do oponente;

- **defesa em todas as direções** – pois a equipe de segurança deve ser capaz de enfrentar um ataque partindo de qualquer direção;

- **defesa em profundidade** – é essencial para permitir uma ação para desengajar o VIP de um problema, evadindo-o do local, e para impedir um ataque partindo da retaguarda, ficando caracterizada pela existência dos anéis de segurança ou círculos concêntricos;

- **flexibilidade** – a segurança deve ser organizada para permitir a adaptabilidade à nova situação apresentada;

- **dispersão** – uma consideração importante no dispositivo da segurança de forma a evitar ou reduzir no mínimo a vulnerabilidade do VIP. É função do efetivo e do espaço;

- **apoio mútuo** – os agentes de segurança devem ser posicionados de modo a proporcionar a garantia de que o afastamento temporário de um agente não provoque o rompimento do dispositivo adotado;

- **máximo uso da ação ofensiva** (iniciativa) – os agentes de segurança pessoal devem estar preparados para executar técnica de reação imediata (TRI), de forma ofensiva, tendo como objetivo principal a preservação da vida do VIP, neutralizando a ação do oponente.

- **integração e coordenação das medidas de segurança** – feita com os planos de saúde emergencial, de policiamento de trânsito, de policiamento ostensivo, de comunicação social, de cerimonial, de comunicações e de transporte.

Capítulo 3

Seleção

"O homem deve procurar normas éticas não para se diminuir, mas para crescer em todos os aspectos no conjunto de seu todo existencial, embora às vezes deva sacrificar algum elemento de seu ser."

Marculino Camargo

O pessoal para atividade de segurança deve ser dotado de atributos para que a missão a que se destina seja cumprida. Não se admite que um agente de segurança com a missão de assegurar a liberdade de locomoção de um VIP, seja despreparado e truculento. Antes de qualquer coisa, ele deve:

- amar a verdade e a responsabilidade como fundamento de dignidade pessoal;
- respeitar a pessoa humana, conhecendo os direitos humanos;
- zelar pelo seu preparo moral, intelectual e físico, visando ao cumprimento da missão;
- possuir resistência física, capacidade para suportar esforços físicos exigidos na atividade de segurança;
- ser leal, virtuoso e possuir honradez;
- ser discreto em suas atitudes, maneiras e em sua linguagem;
- ter discrição, capacidade de ser reservado em suas palavras, atos e saber guardar segredo;
- haver tato, capacidade de agir com habilidade em relação às pessoas, evitando situações embaraçosas;
- contar com equilíbrio emocional, capacidade de controlar seus próprios impulsos e de enfrentar quaisquer situações com serenidade e firmeza;
- reunir espírito de execução de tarefa, capacidade revelada pelo fiel cumprimento da missão em qualquer circunstância;

- transmitir autoconfiança, capacidade de, na realização de uma atividade, comportar-se de maneira segura, demonstrando confiança em si próprio;
- manter boa apresentação, capacidade de manter, em todos os momentos, uma aparência e postura condizentes com os padrões sociais;
- praticar pontualidade, capacidade de estar presente nos trabalhos e atos programados nos horários previstos;
- apresentar coragem, capacidade de demonstrar bravura em face do perigo;
- observar as normas de boa educação;
- respeitar a privacidade das pessoas;
- ter boa capacidade visual, auditiva e de memorização;
- apresentar seleção rigorosa com aplicação de teste psicológico específico para a atividade, testes de aptidão física, inclusive de natação e de tiro;
- trazer noções básicas de defesa pessoal, e histórico familiar.
- apresentar comprovante de idoneidade, com a apresentação de certidão de antecedentes criminais fornecida pelas Justiças federal, estadual, militar e eleitoral.

Quem for iniciar na atividade de segurança deve realizar avaliação das condições físicas e de saúde, estágio básico de segurança pessoal; e reciclar-se periodicamente, de acordo com um programa de treinamento, pois a atividade de segurança não admite erro.

Capítulo 4

Planejamento das Medidas de Segurança

"É mais inteligente planejar antes de agir."
(Provérbios)

As medidas de segurança estão presentes antes, durante e, às vezes, após a presença VIP, como ocorre nos gabinetes de despacho após reunião, quando são recolhidos rascunhos, bilhetes, lixo para incineração, para evitar especulação das escritas.

Ao tomar-se conhecimento da atividade do VIP, normalmente com antecedência, que por si só constitui a tarefa ou missão de segurança, é realizado o planejamento que será escrito, detalhado o quanto possível ou mentalmente elaborado e expedido verbalmente, dependendo da complexidade da missão e do tempo.

Inicia-se com estudo das condições meteorológicas, do terreno e possibilidade do oponente. A seguir, deve ser feita uma avaliação atualizada do local onde o VIP vai comparecer.

Deve-se fazer uso de cartas, croquis, plantas, fotografias, fitas de vídeo, leitura dos jornais da área e outros meios. Se a missão for complexa, deverá ser feita uma reunião com os setores envolvidos, tais como cerimonial, imprensa, transporte, saúde, comunicação para ter uma noção global. Logo após, deve ser feito um reconhecimento, inclusive com esses setores no local para que todos saibam o que cada um vai fazer, e esse é o momento dos acertos de detalhes de negociações.

Terminada a negociação e liberados os setores, a assessoria de segurança confirma ou retifica o planejamento e expede o Plano de Segurança a ser ensaiado, executado, fiscalizado e alterado conforme a situação. Mas a assessoria deve realizar, se possível, outra reunião com todos os setores de segurança que participam do evento.

A equipe de agentes de segurança pessoal deve realizar um *briefing* final, quando cada agente de segurança pessoal explicará suas atribuições na sequência cronológica, citando os procedimentos em caso de emergência e urgência.

Os agentes de segurança pessoal devem observar atentamente o local do evento, para descobrir qualquer irregularidade no meio ambiente, como pessoas que destoam – quer no comportamento, quer na vestimenta não compatível com o clima e o evento.

Os agentes de segurança devem ter trajes adequados ao ambiente e comportamentos discretos. Eles devem manter sob as vistas o VIP e manter contatos visuais entre si, com gestos preestabelecidos como mensagem.

Os agentes de segurança pessoal devem memorizar o rosto do elemento suspeito ou perigoso que possa atuar no local do evento. Qualquer pessoa suspeita deve ser retirada, discreta e rapidamente, do local.

A surpresa é uma das piores inimigas da assessoria de segurança; para evitá-la, o agente de segurança pessoal, a cada instante, deve atualizar mentalmente o plano de segurança, definindo sua ação de acordo com o planejamento e o desenrolar dos acontecimentos. Isto o leva a ter um desgaste mental muito grande, sendo normal apresentar enxaqueca no final da jornada.

"É perdoável ser derrotado, mas nunca surpreendido" - Frederico II

4.1 Plano de segurança

O plano pode ser montado, conforme modelo a seguir:

4.1.1. Características do ambiente operacional

- apreciação sobre as principais características da área de operações que tenham maior influência sobre as atividades do VIP.

4.1.2. Situação das forças oponentes

- identificação, valor e composição;
- atividades importantes, recentes e atuais;
- particularidades e deficiências;
- identificação das áreas-problema e sensível;
- possibilidades das forças oponentes.

4.1.3. Forças aliadas

Citar as informações relativas às forças envolvidas no aparato de segurança e em condições de reforçar e apoiar.

4.1.4. Meios disponíveis

Discriminar esses meios, assinalando os prazos para recebimento e retirada.

4.1.5. Tarefa

Deve conter a definição clara, concisa e completa do que vai ser feito e sua finalidade.

4.1.6. Execução

Descrição pormenorizada do que será feito em fases ou não, do dispositivo adotado com os empregos dos meios de apoio.

Discriminação das tarefas dos elementos subordinados.

No subparágrafo "Prescrições diversas", detalhar a coordenação e medidas de controle, estabelecer as condições de prazo e circunstâncias em que o plano entrará em vigor, referências, anexos, como esquema operacional, se for o caso.

4.1.7. Logística

- generalidades;
- suprimentos;
- transportes: terrestre – comboio – aéreo – aquático
- saúde: plano de emergência;
- manutenção;
- pessoal: apoio.

4.1.8. Comunicações e eletrônica

- canais e frequências, palavras códigos de emergência para perigo e acionamento do plano de saúde;
- posto de comando;
- utilização de outros meios como mensageiro, telefone e visuais.

4.1.9. Pessoal, comunicação social e assuntos civis

a) **pessoal**: composição das equipes de agentes de segurança pessoal, velada e ostensiva (corpo de bombeiros, polícia e paramédicos) e conduta em caso de incidente e acidente.

b) **comunicação social e assuntos civis**:

1) Comunicação Social:
- relações públicas;
- operações psicológicas.

2) Assuntos Civis:
- governo;
- economia;
- serviço público;
- atividades.

4.2. Montagem de um evento

Para montagem de um evento deve-se observar os seguintes aspectos:

- contatar, com antecedência, com o coordenador geral do evento e registrar seus dados (nome, telefone e fax);
- solicitar informação sobre a sequência das atividades do evento (programa);
- submeter o programa à apreciação do VIP, se for o caso;
- solicitar lista de convidados (apresentação de convites, se for o caso), do pessoal empenhado nos apoios (cozinheiro, garçons, motoristas). Esses dados devem ser fornecidos pelos empregados com o número do registro de identidade e filiação, podendo solicitar "nada consta" na Secretaria de Segurança pública (SSP) e no Departamento de Polícia Federal (DPF);
- apresentar cardápio ao ser servido, se for o caso, a designação do responsável pela inspeção e confecção dos alimentos;
- escolher área adequada para recepção dos convidados, para estacionamento de veículos e para pouso de helicópteros;
- negociar a localização da imprensa e conhecer quem vai controlá-la;
- identificar os banheiros de uso coletivo e reservado;

- reconhecer e preservar o ambiente para conversas reservadas e para telefonar;
- identificar as saídas de emergências e mantê-las desobstruídas;
- prever mais de um acesso, se possível um destinado ao público em geral e outro aos convidados;
- escolher a localização do público em geral;
- quando for o caso, aprovar a posição e as dimensões do palanque;
- é responsabilidade da assessoria de segurança controlar o acesso ao palanque e evitar que o VIP fique contra o sol;
- posicionar e determinar a missão da equipe avançada no evento. Caso haja equipes de apoio (policiamento, bombeiros, paramédico, tropas de choque, equipe de manutenção da rede elétrica e outros). Inteirar-se das tarefas dessas equipes;
- designar o local de desembarque e de embarque do VIP;
- escolher o local de estacionamento do comboio e verificar a necessidade de levar comboio alternativo, por imposição das características do local;
- determinar o posicionamento dos batedores, se for o caso, no comboio;
- conhecer e divulgar o nome do responsável e identificação da área de segurança a ser utilizada por ultraleve, paraquedista e queima de fogos, quando for o caso;
- calcular e divulgar o efetivo e a capacidade do local – o normal é $1m^2$ por pessoa;
- saber sobre a manutenção do elevador e solicitar a presença do responsável durante o evento, se for o caso. Uma boa medida de segurança é não permitir o uso do elevador com capacidade máxima. Não se esquecer de reservar um elevador, com antecedência, para o VIP.
- sobre o terreno, atentar para o campo de observação e de tiro, cobertas e abrigos, obstáculos, acidentes dominantes e acessos por parte do oponente e da segurança;
- evitar o retorno pelo mesmo itinerário, em feiras ou exposições; o melhor é embarcar no final do percurso;

- não esquecer de dissimular o contorno aparente (silhueta) do VIP, colocá-lo com as costas voltadas para parede opaca afastada dos acessos (portas e janelas) e evitar posicioná-lo em plano superior;
- não colocar o VIP sob incidência frontal do sol ou de luz;
- redobrar o cuidado com pisos escorregadios e tapetes com dobras ou soltos;
- não esquecer de reservar mesas para o VIP e agente de segurança pessoal, quando se tratar de refeição em restaurante aberto ao público. Solicitar ao gerente que coloque as demais mesas em torno da autoridade, e placas indicativas de mesas reservadas, quando possível;
- não esquecer de ocupar, antecipadamente, os lugares circunvizinhos à autoridade, quando em logradouro aberto ao público em geral;
- solicitar dispensa de funcionário desnecessário ao evento;
- escalar agentes de segurança pessoal, bons nadadores, e prever lanchas de segurança, coletes salva-vidas e pés-de-pato nas atividades aquáticas. O agente de segurança pessoal, mesmo o bom nadador, deve utilizar o colete salva-vidas;
- não esquecer dos reconhecimentos de itinerário, do armamento fixo ao corpo, da viatura de segurança à retaguarda e do equipamento de socorro de urgência nas atividades esportivas do VIP;
- vistoriar qualquer presente e correspondência endereçados ao VIP;
- prever saídas alternativas do local do evento;
- ocupar o local do evento com antecedência, após a realização da varredura eletrônica e mecânica;
- ensaiar o programa como se o VIP estivesse presente;
- contatar com os hospitais previstos para assistir ao VIP, sem fazer alarde.

Capítulo 5

Itinerários

"Se procuro obter vantagem em relação ao inimigo, não devo considerar apenas as que eu conseguirei e sim verificar a maneira como ele poderá prejudicar-me se eu agir desta maneira."

Sun Tzu

Itinerário é o caminho pelo qual o VIP se desloca. Ele poderá ter várias classificações.

a) Quanto à proteção:

- coberto: é aquele que possui um aparato de segurança por toda sua extensão, garantindo a proteção necessária ao deslocamento do VIP.
- descoberto: é aquele que não possui um aparato de segurança ao longo do itinerário, em condições de proporcionar a proteção necessária ao deslocamento do VIP.

b) Quanto ao meio:

- terrestre: é aquele que predomina este meio, sendo o mais usado;
- aquático: é aquele que predomina o meio aquático como mar, lago, rio.
- aéreo: é aquele que predomina este meio. O deslocamento é realizado em aeronave de asa fixa ou móvel.
- misto: é aquele que combina com mais de um dos meios acima.

c) Quanto à extensão:

- longo: é aquele realizado entre pontos com distâncias consideráveis, chegando até constituir-se em uma viagem.
- curto: é aquele realizado entre pontos com pequena distância.

d) Quanto ao sigilo:

- ostensivo: é aquele do conhecimento público, normalmente utiliza grande quantidade de meios e efetivo.
- reservado: é aquele de conhecimento restrito ao aparato de segurança, normalmente utilizado quando se deseja a máxima discrição.

Os itinerários podem ser denominados por números. Aquele escolhido para o deslocamento pode receber a denominação número 1 e não principal, caso haja necessidade de mudança, denominar por número, os demais (2,3...) e não somente alternativos ou secundários, pois aquele escolhido é o principal.

A maioria dos atentados é cometida durante o deslocamento do VIP, por isso, os itinerários sem trechos reservados ou guardados não devem ser do conhecimento público, a fim de não ceder tempo para preparação de um atentado planejado.

Estudo da escolha do itinerário é fundamental e deve ser do conhecimento de toda a equipe, principalmente dos motoristas do comboio. O responsável pela escolha do itinerário é o chefe da equipe.

O comboio não deve parar!

O erro do motorista do arquiduque da Áustria Francisco Ferdinando no itinerário, propiciou a ação nefasta do atentado perpetrado por Gravilo Princip.

A rotina é inimiga da segurança, varie o itinerário, percurso, veículo.

O Juiz italiano Giocanni Falcone alternava seus itinerários, mas foi assassinado pela grande capacidade operativa de seus algozes da máfia.

Um itinerário pode conter trechos com grau de controles diferentes, como a seguir:

- trecho de itinerário livre: é aquele que, pela intensidade do tráfego, exige um mínimo de policiamento;
- trecho de itinerário policiado: é o tráfego controlado por meio de patrulhas de trânsito;
- trecho de itinerário guardado: é o tráfego que exige um controle cerrado, executado com grande policiamento para assegurar a prioridade de trânsito;
- trecho de itinerário reservado: é aquele designado para uso exclusivo de determinado propósito;

A escolha de itinerário a ser percorrido por um VIP exige especial atenção, pois o deslocamento (a pé ou transportado) é uma das situações mais vulneráveis. Nesta escolha deve-se considerar:

- existência de outros itinerários;
- maior número de pontos de apoio (quartéis, delegacias, hospitais);
- extensão, rapidez e segurança;
- número de pontos críticos;
- espaço e condições de trafegabilidade das vias.

Os pontos nos itinerários são críticos e/ou de apoio. Ponto crítico é o local que dificulta o deslocamento do dignitário ou oferece melhores condições para uma ação adversa. Ponto de apoio é o local que se presta para acolher e proteger o dignitário em caso de emergência ou para colocar meios auxiliares.

As seguintes medidas de segurança devem ser obedecidas a respeito dos itinerários:

- manter o sigilo sobre data, horário e o itinerário escolhido;
- utilizar a maior velocidade de segurança possível;
- redobrar os cuidados nos pontos críticos, usar veículo adequado ao terreno;
- usar policiamento ostensivo e força de choque;

- manter sempre uma força reserva;
- empregar helicóptero, quando possível (itinerário longo);
- alternar itinerário e horário, a fim de evitar rotina;
- reconhecer os itinerários com os motoristas;
- evitar túneis e passagens sob viadutos.

Capítulo 6

Comboios

"A segurança ensina a confiar não na probabilidade de o inimigo não vir, mas na prontidão de enfrentá-lo."

Sun Tzu

O comboio constitui-se por um número de carros utilizados para o deslocamento e a assessoria de segurança de um VIP pode variar com a disponibilidade de veículos, grau de risco e do nível do VIP. Em função do número de veículos e pessoal disponíveis poderão ocorrer variações na formação do comboio. O mínimo aceitável são dois carros – o do VIP e do agente de segurança pessoal logo à retaguarda.

O ideal é a segurança pessoal dispor de 05 veículos para seu uso exclusivo durante os deslocamentos motorizados, assim formados:

- um veículo avançado (carro nº 1) ou uma motocicleta, varrerá o itinerário com um intervalo de tempo restrito, que permita, caso haja alguma anormalidade, escolher outro itinerário;

- um veículo piloto (carro nº 2) irá imediatamente à frente do veículo do VIP com a missão de proporcionar segurança à vanguarda e nos flancos, devendo possuir robustez para desobstruir a passagem em caso de bloqueio;

- um veículo do VIP (carro nº 3), com proteção blindada e elevado torque para possibilitar arrancadas em situações de emergência. Será visto mais diante que uma das formas de se proteger é ter velocidade para evadir a área do conflito, por isso recomenda-se instalar turbo compressor ou outro equipamento similar, uma vez que a proteção contra tiros requer aumento de peso e pode mudar as características do veículo. Assim, um veículo, para adquirir blindagem na lataria, vidros e pneus contra tiros de calibre 223, 556 e 7.62, recebe um excesso de peso acima de 200 kg. Isto pode exigir trabalho especial nos freios e no radiador;

- um veículo de segurança imediata (carro nº 4), que se desloca logo à retaguarda do carro do VIP. Este veículo é dotado de armas pesadas e deve, em princípio, proporcionar comandamento sobre o carro do VIP. Normalmente, isto é conseguido por um veículo utilitário turbinado, com altura superior ao carro nº 3, com longarinas reforçadas e teto solar especial (tipo torre de carro de combate), de onde se pode atirar;

- um veículo reserva (carro nº 5), nos moldes do carro nº 3, que também, cobrirá à retaguarda do comboio.

Cada integrante da equipe terá lugar preestabelecido nas viaturas, assim como setor de observação, de tiro e tarefas nos embarques e desembarques.

Deverá ser designado um agente de segurança pessoal para explorar o sistema de comunicações, bem como outro responsável pelo material e pelo comboio quando estacionado, a quem os motoristas estarão subordinados.

6.1 Atribuições dos integrantes do comboio

A equipe do comboio poderá ser composta por oito integrantes. A distribuição obedece à preconizada na Figura nº 1. São algumas das atribuições dos integrantes do comboio.

a) Chefe da equipe

- componente da segurança que acompanha o VIP mais de perto;
- ocupa o assento dianteiro-direito (ao lado do motorista) na viatura nº 3 possui atribuição do setor de tiro conforme figura nº 1;
- opera o rádio da viatura nº 3, transmitindo as determinações da autoridade e as que julgar pertinentes;
- encarrega-se da proteção física da autoridade, nos casos em que isso se tornar necessário, protegendo-a com colete, escudo, ou com o próprio corpo;
- mantém a equipe informada dos dados julgados úteis e oportunos à execução do serviço.

b) Supervisor

- coordena a equipe, sendo responsável pelo emprego do carro de segurança nº 4;
- ocupa o assento dianteiro-direito;
- opera o rádio do carro nº 4, determinando providências e informações durante o deslocamento;
- tem prioridade na utilização dos meios de comunicação;
- substitui eventualmente o chefe da equipe;
- é responsável pelo setor de observação e de tiro, conforme figura nº 1;
- compõe a equipe de deslocamento a pé.

c) ASP-1

- responde pelo emprego da viatura piloto carro nº 2;

- ocupa o assento dianteiro-direito. Quando não estiver acompanhado do ASP-6 assenta-se no banco traseiro;
- encarrega-se da segunda varredura do itinerário;
- faz a cobertura da porta da autoridade principal, durante o embarque e desembarque;
- comanda as paradas nas travessias e ultrapassagens do comboio;
- opera o rádio da viatura, cumprindo o estabelecido nas instruções de exploração das comunicações;
- opera a sirene e o sistema de alto-falante de acordo com as diretrizes;
- é responsável pelo setor de observação e de tiro, conforme a figura nº1;
- compõe a equipe de segurança no deslocamento a pé.

d) ASP-2

- fiscaliza as atribuições dos motoristas com relação ao controle do rádio AM-FM, ar-condicionado e cortina traseira ou persiana do veículo;
- guarnece a viatura reserva nº 5;
- responde pelo material distribuído às viaturas do comboio;
- verifica o estado geral dos carros do comboio;
- opera o rádio da viatura nº 5;
- testa as sirenes e sistemas de alto-falantes dos carros com antecedência;
- é responsável pelo setor de observação de tiro, conforme a figura nº1;
- permanece junto aos carros, não participa do deslocamento a pé.

e) ASP-3

- confere lista e testa os equipamentos de comunicações do comboio (rádio, telefone e outros);
- guarnece a viatura de segurança imediata (carro n º 4), assenta-se no banco traseiro esquerdo;
- escolhe os pontos de controle ao longo do itinerário, logo que seja definido o percurso, assessorando o supervisor;

- cobre a porta do acompanhante da autoridade por ocasião do embarque e desembarque;
- é responsável pelo setor de observação e de tiro, preferencialmente que seja sinistro (canhoto), conforme a figura 1 ;
- compõe a equipe de segurança no deslocamento a pé.

f) ASP-4

- guarnece a viatura de segurança imediata (carro n º 4) no banco traseiro--direito;
- cobre a porta do dignitário por ocasião do embarque e desembarque;
- compõe a equipe de segurança no deslocamento a pé.

g) ASP-5

- encarregado da primeira varredura do itinerário;
- desloca-se na viatura avançada (carro n º 1) com um intervalo de tempo reduzido em relação ao restante do comboio;
- informa as alterações que ameaçam o deslocamento;
- ocupa o assento dianteiro direito do carro nº 1;
- deve cumprir as tarefas preconizadas para o segurança pessoal avançado;
- auxilia na cobertura da porta do acompanhante da autoridade por ocasião do desembarque;
- é responsável pelo setor de observação e tiro à sua frente, conforme a figura 1;
- compõe a equipe de segurança no deslocamento a pé.

h) ASP-6

- é o elemento polivalente das funções de ASP, deve ficar em condições de substituir qualquer ASP, podendo auxiliar o ASP-5;
- ocupa, normalmente, o assento traseiro do carro n º 2, do mesmo lado do acompanhante da autoridade;
- é responsável pelo setor de observação e tiro, preferencialmente que seja sinistro, conforme a figura 1;

- compõe a equipe de segurança no deslocamento a pé, cobrindo a retaguarda.

I. Ainda em complemento às atribuições dos componentes da equipe, os motoristas são responsáveis por:

- fornecer segurança para sua viatura;
- conduzir os veículos pelo itinerário determinado;
- conhecer os princípios da direção ofensiva e defensiva;
- operar eventualmente os meios de comunicações;
- reconhecer os itinerários;
- sintonizar o rádio, AM-FM e ajustar o assento do VIP, o ar –condicionado e a persiana de acordo com as diretrizes do VIP.;

A formação dos veículos, o esquema de ocupação destes e os setores de observação e tiro no comboio com cinco viaturas estão representados na figura 1.

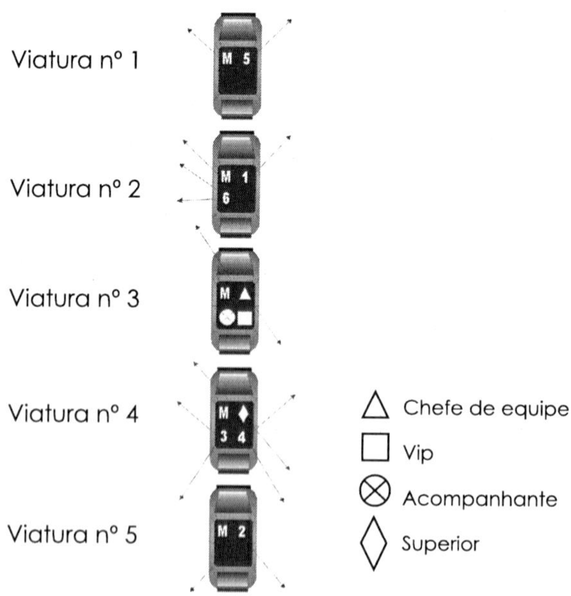

Fig 01

6.2. Procedimentos por ocasião do Embarque

- o ASP-2 guarnece o carro n º 3 e desloca-se para à retaguarda;
- o ASP-3 abre a porta do acompanhante da autoridade e o ASP-4 cobre a porta da autoridade;
- à saída, o ASP-3 e o ASP-4 permanecem em posição e são resgatados pelo carro n º 4, que realiza uma breve parada;
- quando a autoridade está em companhia, o ASP-6 (que poderá ser ASP-Feminina) ocupa posição na viatura n º 2 e encarrega-se da porta do carro n º 3;

A abertura e o fechamento de porta são atividades da Segurança. Na primeira, o ASP certifica-se das condições de desembarque ou embarque e na segunda verifica o correto fechamento e trancamento da porta, a fim de evitar acidente.

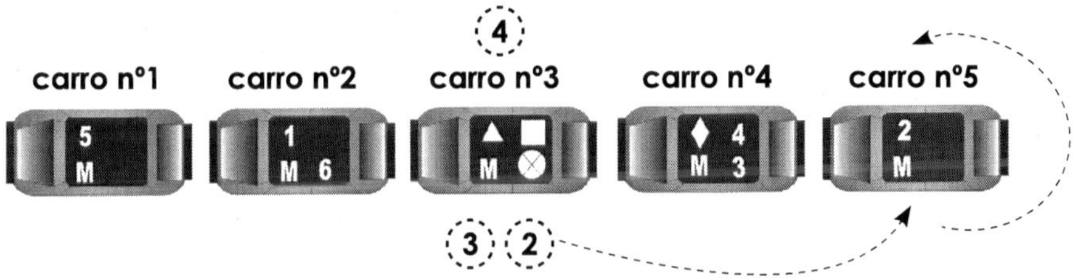

Fig 02

6.3. Procedimentos por ocasião do desembarque

- o ASP-5 guarnece o local exato da parada do carro n º 3, devendo ficar ao lado esquerdo da viatura (lado do motorista). O carro n º 2 para temporariamente no local do n º 3, desembarcando o ASP-1 (e o ASP-6, quando embarcado). Logo em seguida, adianta-se, e o carro do VIP ocupa seu lugar;
- o chefe da equipe abrirá a porta da autoridade;
- à exceção do ASP-2, que permanece junto aos carros, os demais integrantes da equipe acompanham a autoridade no deslocamento a pé;

- os motoristas permanecem embarcados nos carros, em condições de arrancar de imediato. (Fig 03)

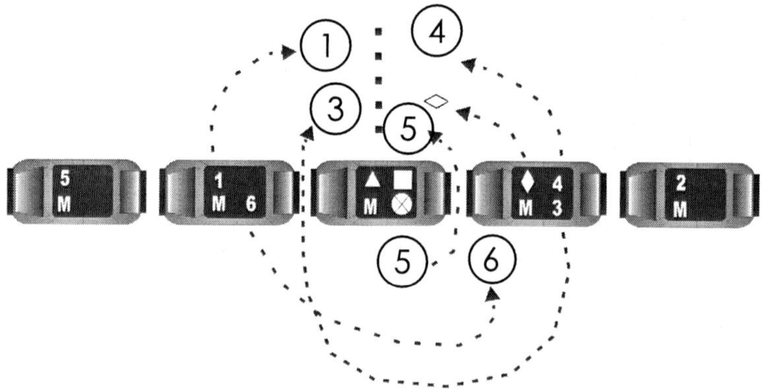

Fig 03

6.4 Procedimento com comboio a dois carros

- Desembarque

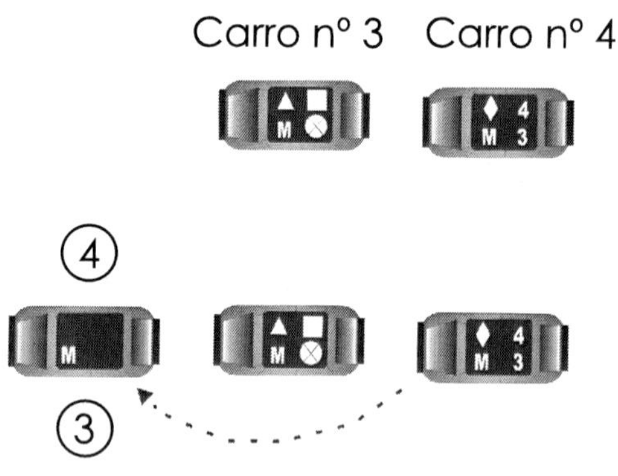

(Fig 04)

Tempo 1

Momentos antes do ponto de parada do carro 4, este ultrapassa o do VIP e desembarca a equipe no local do desembarque VIP.

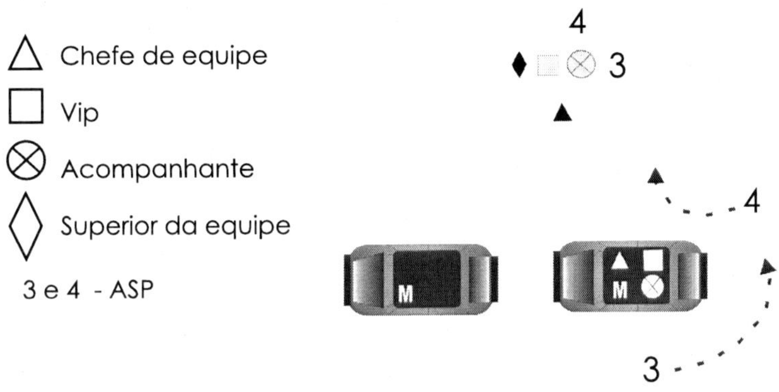

(Fig 05)

Tempo 2

O chefe da segurança desembarca e abre a porta da autoridade.

O ASP-3 abre a porta do acompanhante e adota o dispositivo ilustrado.

- **Embarque**

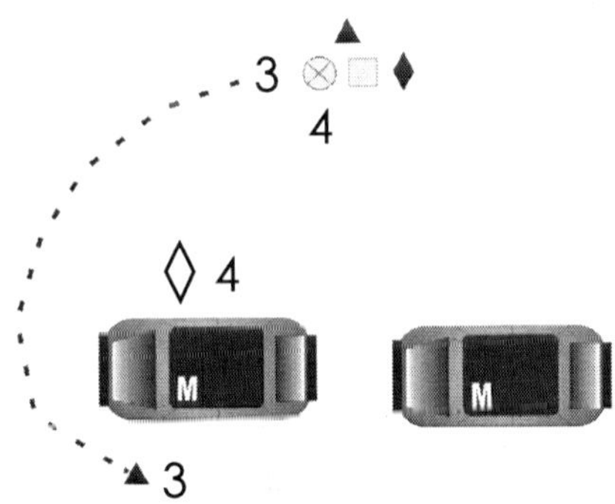

(Fig 06)

Tempo 1

O ASP-4 adianta-se e posiciona-se, como mostra a figura, e o motorista destrava a porta.

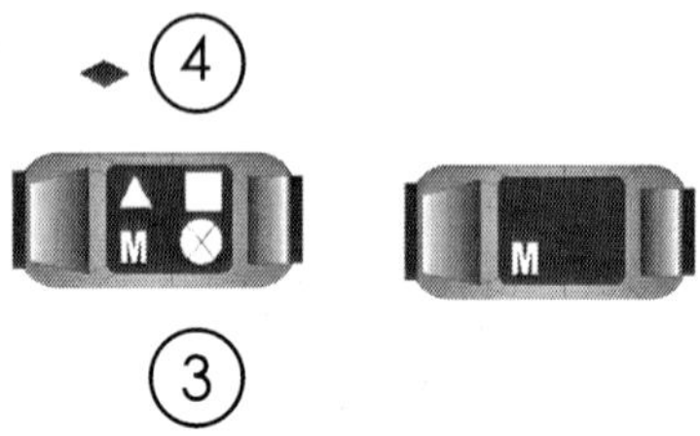

(Fig 07)

Tempo 2

O chefe da Segurança abre a porta do VIP e ocupa seu lugar na viatura; o ASP-3 abre a porta do acompanhante.

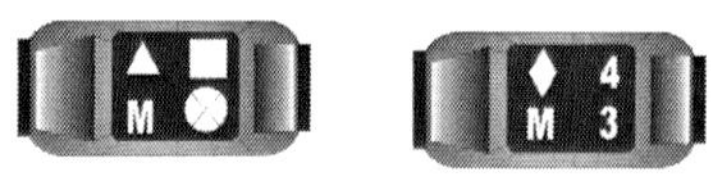

(Fig 08)

Tempo 3

O supervisor, O ASP-3 e o ASP-4 guarnecem as portas do carro 3 até serem resgatados pelo carro n º 3 até serem resgatados pelo carro 4, que executa uma breve parada para os embarques.

6.5 Maneabilidade do Comboio

a) Princípios gerais

A distância, a visibilidade e os movimentos dos veículos, durante os deslocamentos, devem obedecer às regras básicas de segurança, a fim de não se colocar em risco o VIP. A situação existente prevalece sobre o que está escrito, desde que justificado.

A distância entre os carros deve variar em função do terreno, condições de visibilidade, do tráfego e das informações existentes. No terreno irregular a distância é mais cerrada; em condições de visibilidade adversa ela é aumentada; em tráfego intenso, reduzida. Essas quatro condicionantes determinam o procedimento do comboio a sob a responsabilidade do chefe de equipe.

A velocidade do comboio deve ser a maior que a via permitir, considerando sempre o maior grau de segurança no deslocamento.

Os movimentos de mudança de direção dos carros, em princípio, são sinalizados, suaves e discretos. Deve-se considerar, sobretudo, a largura da via, de maneira que não coloque em risco as viaturas que compõem o comboio.

Os movimentos são simétricos entre os carros N°s 2 e 4, e os carros N°s 3 e 5, que estão em colunas.

À noite, quando se fizer necessário o aumento das distâncias entre os carros, os faróis poderão ser acesos. Recomenda-se reduzir o brilho das lanternas, a fim de não ofuscar o veículo de trás.

b. Maneabilidade de comboio

Posicionamento do comboio durante as paradas para manobras e retornos.

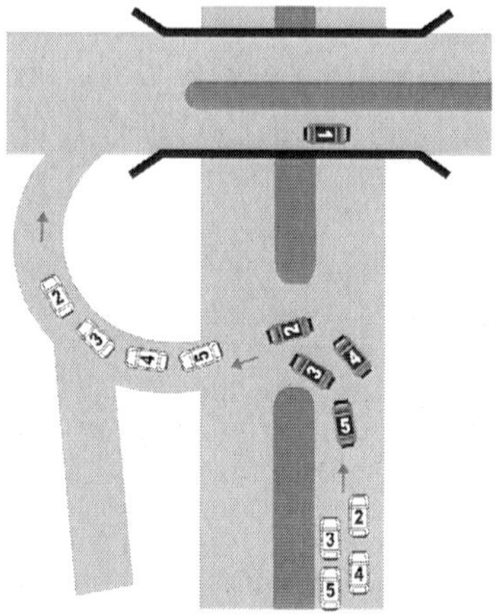

Fig 09

Maneabilidade com tráfego congestionado-mudança de faixa

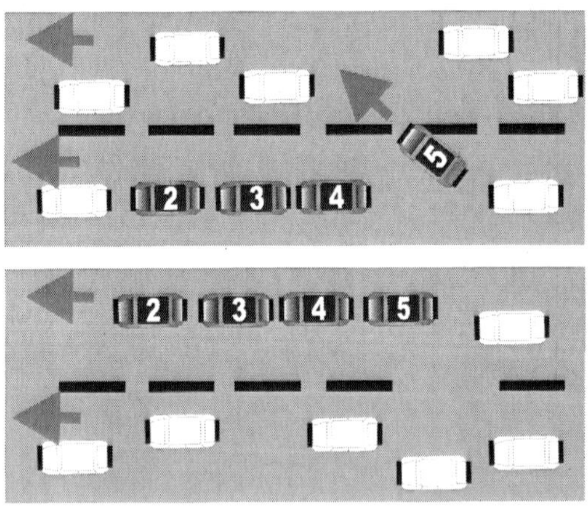

Fig 10

Deve-se ter um quadro de distribuição de dotação do armamento, equipamento e normas de condução e utilização destes.

O motorista ASP deve realizar o curso de direção ofensiva e defensiva.

6.6 Regras básicas no transporte de VIP

- manter os vidros fechados durante os deslocamentos ;
- engrenar o carro nas paradas temporárias;
- habituar-se a verificar se está sendo seguido. Caso isso ocorra, alterar o itinerário e utilizar os pontos de apoio;
- não permanecer na traseira de veículos que impeçam a visão frontal;
- usar os espelhos retrovisores regulados;
- não estacionar rente ao meio-fio, para realizar manobras rápidas, se for o caso;
- verificar sempre o trancamento das travas das portas, não dando partida sem que todas estejam travadas;
- manter a distância prevista pelo Conselho Nacional de Trânsito (CNT) entre os veículos fora do comboio
- atentar com os acidentes simulados, bloqueios e atropelamentos, pois podem ser táticas de emboscada;
- testar os freios, faróis, buzina e verificar os pneus;
- Prevenir-se nas passagens de túneis, viadutos, passarelas, pois estes locais podem apresentar perigo iminente.

Capítulo 7

Comunicações

"O perfeito funcionamento e a integração dos meios de comunicação é essencial para o cumprimento da missão de segurança."

Marco Antônio de Farias

Deve-se ter a ideia de que as comunicações constituem um meio vulnerável e que as forças adversas estão interessadas em conhecer a conversação da equipe de segurança. Para isso, é necessário preocupar-se com a segurança das comunicações, enquadrada no campo da segurança orgânica, que é uma das atividades da contrainteligência.

7.1. Segurança das comunicações

A segurança das comunicações é concretizada por meios de normas especiais que constituem na utilização do sistema de cifra e de código, bem como pela observância dos requisitos fundamentais das comunicações, que são: a confiança, a rapidez e a segurança física.

A composição de uma mensagem deve ser objetiva, clara e concisa.

Ela começa sempre pelo indicativo da estação a ser chamada, seguida do indicativo da estação chamadora e da letra para autenticação, usando o processo alfa-numérico, de maneira semelhante na comunicação terra-avião.

Exemplo:

q –	x –	y –	z –	b
d –	g –	h –	j –	9
1 –	4 –	m –	o –	p
7 –	k –	a –	2 –	5

- estação chamadora: jatobá, aqui, sândalo; alfa, quebec;
- estação chamada: Yankee, sete;
- estação chamadora transmite mensagem: tubarão em deslocamento para ipê.

A estação chamadora deve repetir a chamada até obter autenticação.

A estação chamada responde dizendo o próprio indicativo, seguido da resposta à mensagem recebida, ou simplesmente o indicativo seguido do ciente: jatobá.

A mensagem preestabelecida pode ser largamente utilizada, evitando conversação em "claro". Exemplo de mensagem de tabela preestabelecida:

Espécie	Mensagem	Código
Deslocamento		
Aéreo		
residência	- local de trabalho	abacate
	- Federação	abacaxi
	aeroporto	açaí
	local de evento	acerola
local de trabalho	– Federação	ameixa
	- aeroporto	amora
	- local de evento	banana
	- residência	butiá

Deslocamento		
Terrestre	Federação – local de trabalho	bacuri
	aeroporto	babaçu
	local de evento	buriti
	residência	cacau
	aeroporto – local de trabalho	cajá
	Federação	caqui
	local de evento	cereja
	residência	cupuaçu
local de evento-	local de trabalho	damasco
	Federação	framboesa
	aeroporto	guariroba
	Residência	graviola
	VIP em preparação	jambo
	emergência médica	jaboticaba
	VIP no elevador	jamelão
Diversos	velocidade	marmelo
	contato telefônico	mangaba
	comboio pronto	melancia
	operar na faixa	morango
	entendido	sapoti

7.2. Segurança das comunicações no comboio

Durante os deslocamentos do comboio, a prioridade de exploração das comunicações é do carro n º 4 , a quem cabe a coordenação das ações do comboio.

As mensagens devem ser claras, objetivas e sucintas, evitando-se a transmissão de mensagens administrativas.

O volume dos transceptores deve estar adequado ao local, procurando-se evitar o volume alto, sobretudo na presença de pessoas estranhas ao serviço por ocasião do desembarque e embarque.

Quando estiver na presença da autoridade, o rádio portátil (hand talk – HT) deve ser usado com fone auricular e, na total impossibilidade, o volume será mínimo.

Todo o sistema de comunicações deve ser montado e testado antes do início do evento. A Central de Comunicações (CCom) deve operar 24 horas.

Capítulo 8

Segurança Física das Instalações

"A maneira de evitar o que é forte é atacar o que é fraco."
Provérbio

A segurança de instalações consiste na adoção de medidas de proteção das dependências e áreas contíguas que serão ocupadas pelo VIP, bem como a fiscalização e o controle dos acessos e do pessoal.

8.1 Plano de defesa

O plano de segurança física de instalações deve ser elaborado com o objetivo de preservar a integridade do VIP. Para isso, devem-se levantar todos os pontos vulneráveis da instalação e estabelecer procedimentos a fim de eliminar esses pontos. Uma boa técnica é planejar a ação como agressor e depois como defensor. Assim, leva-se em consideração:

- a rede de esgoto que se constitui em via de acesso;
- o sistema de iluminação, localização do gerador, quadro e linhas de distribuição de energia;
- o sistema de comunicações, interno e externo, composto de telefones, rádios, telex, intercomunicadores, sinais luminosos e acústicos e outros;
- a localização dos pontos críticos nos arredores tais como: edifícios vizinhos, elevações, passagens;
- a previsão de exames periódicos e inopinados das instalações, testando os sistemas de alarme, comunicações, iluminação e material de incêndio;
- as ligações com a polícia, central contra incêndios e hospitais.

No plano de defesa serão enumeradas as medidas de proteção que incluem:

- estabelecimento de postos de segurança;
- controle do acesso do pessoal;
- controle da instalação e pessoal vizinhos;
- estabelecimento de normas de tráfego aéreo, se for o caso;
- controle e revista do material recebido, incluindo alimentos e bebidas;
- controle das chaves e troca de segredo, quando julgar necessário;
- plano de prevenção e combate a incêndio;
- normas de coleta e incineração dos detritos e lixo;
- plano de evacuação da autoridade e família, prevendo treinamento;
- normas de admissão e dispensa de funcionários;
- proteção de vidraças contra tiros;
- varredura mecânica e eletrônica das instalações.

8.2. Segurança do imóvel

Os portões devem permanecer trancados e não somente fechados.

As portas externas devem possuir dispositivos de segurança, além das fechaduras, evitando-se a abertura por meio de "gazuas".

Colocar visores (olho mágico) nas portas, a fim de possibilitar a identificação das pessoas que chegam, especialmente em se tratando de apartamentos. Se possível, instalar, discretamente, câmara no portão, nas portas, nas janelas e nas alamedas. Prefira os imóveis com grades nas janelas, nos vitrôs e nos basculantes.

Não deixe objetos nos pátios que possam despertar o interesse dos delinquentes. Objetos como bicicleta, pneus de automóvel, bolas de esporte coletivo, entre outros.

Não deixar nos pátios, depósitos com combustíveis e ferramentas que facilitem arrombamentos (pé-de-cabra, marreta, chave de fendas). Mantê-los chaveados.

É aconselhável, após alugar um imóvel, fazer a troca das fechaduras. Procurar um chaveiro de confiança.

Evitar rotina no arejamento do imóvel (abertura de janelas, basculantes etc.). Varie dia de faxina.

Manter o quintal e os acessos iluminados e instalar uma rede de iluminação de reforço para ser acesa após a detecção de anormalidades.

Quando atender chamadas às portas, verifique, através dos visores, de quem se trata, antes de destrancá-las. Somente abri-las após comprovar que é pessoa conhecida ou identificada. Hoje os assaltantes entram no domicílio, após sequestrar um conhecido da família do morador para acessar o interior da residência. Estabelecer senhas, como dois toques longos e um curto.

Não permitir que as crianças atendam a porta. Devem ser instruídas para que, ante um desconhecido, chamem um adulto que o identifique.

Caso o imóvel fique desocupado no final de semana, o policiamento do setor deve ser avisado, se for seguro, e deixar algo que o vivifique.

Não efetuar comentários sobre saídas prolongadas ou deslocamentos que possam ser ouvidos por desconhecidos. Evitar que levantem "dados" sobre suas atividades.

Conhecer a rede de esgoto, de água e de luz do imóvel, a fim de evitar o acesso à dependência por estes locais.

Ter em mente que os empregados dos serviços de água, esgoto e eletricidade não têm motivo para entrar no interior da sua casa. Caso alguém destes serviços se apresente, deve-se proceder da seguinte forma:

- não deixá-lo entrar na residência sem antes se certificar de quem se trata;
- pedir sua identificação, mesmo que esteja uniformizado; e
- desconfiar de identificações feitas com papel comum. Devem possuir carteiras de identificação funcional, que deverão ser examinadas e lidas cuidadosamente, pois não basta a simples exibição.

Utilizar-se de códigos ou sinais de reconhecimentos, por ocasião das saídas e chegadas à residência ou a outros locais habitualmente frequentados.

Não manter, na residência, documentação ou material de trabalho que seja de caráter sigiloso. Devem ser utilizados somente no escritório e, após, guardados num cofre com segredo.

Manter, em lugar visível, o número dos telefones da polícia, dos vizinhos de confiança, de amigos, do trabalho e de um familiar para os casos em que necessitar de auxílio, ante a presença de algum suspeito ou situação irregular que se apresente.

Se for o caso, procurar manter a sala de cadastramento dos clientes separada do escritório e mantê-la sob o controle. Usar, se possível, aparelho digital com fotografia para fazer o cadastramento.

Instruir a família e os empregados domésticos para:

- observar qualquer objeto suspeito ou estranho que seja encontrado na residência, não tocar em nenhum deles nem procurar removê-los. Afastar todos da proximidade do objeto suspeito e notificar o fato à Segurança;
- não aceitar encomendas não solicitadas. Se for o caso, examiná-las, exigindo que sejam abertas pelo portador a uma máxima distância de segurança possível;
- não aceitar embrulhos de estranhos;
- ter o máximo cuidado ao atender a chamados de estranhos;

- não permitir que se introduzam desconhecidos no interior da residência, sob a hábil insinuação de pessoa amiga de alguém;
- tomar especial cuidado no atendimento a telefonemas, evitando dar informações a desconhecidos. Ao ser solicitada alguma informação, mesmo que a pessoa se identifique, procurar alguém que possa reconhecer a voz ou saiba do que se trata, para dar a informação solicitada. Pedir o número do telefone para ligar posteriormente.
- não receber desconhecido, mesmo que se insinue a mando de alguém conhecido;
- não dar informações nem comentar com outras pessoas sobre os hábitos e costumes do pessoal do imóvel;
- não permitir que supostos namorados de empregados frequentem seu local de trabalho; e
- evitar atender na residência negócios profissionais.

Ter sempre disponível os meios de comunicação (telefones, rádio, alarme), pois são fundamentais para a segurança.

Posicionar extintor de incêndio em local de fácil acesso, com manutenção adequada. Certificar-se de que todos os usuários saibam manuseá-lo.

Instalar um sistema de luz de emergência suprida por bateria para quando faltar energia, principalmente em eventos (festas).

Atender a todos, inicialmente, de forma segura, via interfone, de preferência vendo-os por sistemas de videoporteiro ou circuito fechado de televisão (CFTV). Deve-se ter cuidado quando se anunciar a venda de produtos e de bens familiares, como vestido de noiva, filmadora etc., pois na realidade há um convite para que um estranho compareça à residência.

Guardar os bens de forma segura e discreta.

Evitar que prestadores de serviços circulem livremente pela moradia.

Instalar sensor de alarme nas caixas de utilidades que estão expostas em áreas externas de residência e colocar cadeado.

Deve-se ter cuidado com o lixo: além de ser separado em seco e em molhado, deve-se separar o lixo ostensivo do sigiloso.

Anotar sempre a placa de veículos suspeitos próximos a sua residência, se possível filmar ou fotografar.

Instalar mais de uma fechadura ou trava nas portas externas. Não dar todas as chaves aos empregados.

Ter à mão uma caixa de primeiros socorros e saber usá-la (diurético, isordil, alérgicos etc.).

Capítulo 9

Medidas de Segurança

"É necessário criar a mentalidade de segurança e incorporar procedimentos que contribuem para um ambiente favorável ao bem estar, principalmente na ausência dos agentes de segurança."

Fatima Rosaria

9.1. Cuidados com as crianças

Instigue na criança o senso de responsabilidade com a segurança. É uma questão de educação.

A comunicação é o mais importante equipamento de segurança, ainda mais agora com a telefonia celular e com radiotransmissor.

Treine a criança a usar o telefone e o rádio. Tenha uma palavra-código que signifique perigo!

Instale um sistema de alarme em casa, conectado a uma central de segurança que opera 24 horas. Não é caro e pode ser alugado. Na ficha de monitoramento da central de segurança, deixe registradas todas as localizações, bem como de médicos, dentistas, vizinhos, parentes e amigos contatados previamente. A central pode ser acionada por um controle remoto, assim como se mostra também muito útil para pessoas idosas e deficientes físicos.

Antes de contratar uma central de segurança, visite-a fisicamente e solicite uma lista de clientes.

Ensine a criança a chamar a polícia, pelo número 190 ou outro.

Identifique a criança (nome, residência, telefone). Em viagens internacionais, faça uma identificação mais completa: país de origem, telefone de embaixada, tipo sanguíneo e fator RH. Explore os casos de desaparecimento e sequestros, porém não exagere!

Conheça os coleguinhas de seus filhos e seus pais.

O transporte escolar, além de motorista, deve ter também um monitor, que deve receber e entregar a criança na mão da pessoa responsável.

Cuidado com as drogas; as características abaixo podem sinalizar para a possibilidade de uso de drogas em geral:

- modificação do estado de ânimo e das atitudes sem motivo justificado;
- diminuição repentina e contínua da assiduidade escolar, acompanhada de baixo rendimento;
- resistência à disciplina no lar e na escola;
- dificuldade no relacionamento com familiares e amigos;
- acessos de mau humor sem motivos e inesperados;
- frequentes pedidos de empréstimos aos familiares e amigos;
- roubos na própria residência, escola ou trabalho;
- maior segredo a respeito de suas ações;
- relações com novos grupos de amigos, especialmente pessoas que usem drogas.

9.2 Cuidados com o empregado doméstico

Saiba quem é, onde e como vive. Como os vizinhos, amigos e antigos patrões o conceitua. Existem escritórios especializados que obtêm essas informações em bancos, cartório de protestos, cadastros policiais e mediante visitas e entrevistas nos locais onde reside e trabalha.

Quando contratar pessoas, sempre verifique se são de confiança de alguém conhecido. Peça dados de identificação e referências.

Nunca contrate empregados domésticos sem:

- antecedentes pessoais (domicílio, familiares etc.);
- verificar, por meio da polícia, os antecedentes;
- conhecer o local de seu domicílio;
- carteira de trabalho e seguro social; e
- verificar seu desempenho em empregos anteriores.

Tome precauções quanto às companhias de seu empregado. Na medida do possível, identifique as pessoas com quem anda e de quem recebe chamadas.

Tenha cópia da carteira de trabalho e fotografias dos empregados, podem ser úteis posteriormente.

Faça uma lista não só das tarefas como das medidas de segurança a serem observadas pelo empregado. Instrua-o a atender às pessoas que chegam em casa e como atender ao telefone.

As informações sociais e criminais dos empregados devem ser atualizadas todo ano. Confie desconfiando.

9.3. Cuidados com a arma de fogo

A arma de fogo deve ter manutenção adequada e ficar longe do alcance de crianças, empregados e familiares. A munição deve ser renovada anualmente.
O manuseio tem de ser adequado e seguro.
Efetue treinamento de tiro, faça uma reciclagem anualmente.

Mantenha o autocontrole e saque a arma, quando necessário, rapidamente, em princípio, a arma deve estar junto ao corpo.

9.4. Cuidado com objetos de valor

Não permita que seus empregados tomem conhecimento da existência de seus objetos de valor e sempre em locais que ofereçam segurança (cofres).

9.5. Objetos suspeitos e chamadas anônimas

Ante a presença de algum pacote ou qualquer objeto que o faça duvidar de sua origem, não o segure e avise à polícia, cujo pessoal especializado poderá verificar a possibilidade de se tratar de produto químico, bacteriológico ou radioativo.

Previna-se quanto a chamadas telefônicas anônimas, instalando aparelho Bina e gravador em seu telefone.

9.6. Precauções com veículos

- No caso de assalto, não mostre ao ladrão qual a sua intenção.
- Não grite, não xingue, não chore, e evite tremer. Mantenha-se tranquilo e acalme o bandido.
- Não acompanhe o agente do crime, negocie, caso queira levar alguém como acompanhante.
- Procure andar com os vidros fechados, com insulfilme – o carro deve ter ar-condicionado.
- Não compre nada nos cruzamentos de ruas, mantenha as portas travadas.
- Mantenha distância de segurança do veículo da frente e fique pronto para arrancar com o carro.
- À noite, cuidado ao parar no sinal de trânsito, quando estiver vermelho.
- Utilize preferencialmente a pista central, ou o meio da rua.

- Cuidado com motocicletas ocupadas por duas pessoas, principalmente se estiverem usando capacetes, pois eles dificultam a identificação.
- Cuidado ao passar debaixo de pontes, viadutos ou passarelas, evite os túneis.
- Cuidado com a manutenção do veículo, evite a pane seca.
- Ter um bom motorista, com noções de direção defensiva e ofensiva, é melhor do que um bom atirador.
- À noite, ultrapasse e não seja ultrapassado.
- Instale um sensor de localização no veículo, rastreado por satélite.
- Tenha chaves diferentes para ignição e porta-malas, isto pode dificultar o sequestro relâmpago.
- Evite ativar o alarme de corte de energia e/ou combustível quando estiver dentro do carro.
- Mude continuamente o itinerário ou o caminho habitual para o trabalho.
- Não deixe no interior do veículo documentos de qualquer tipo ou objetos de valor, pacotes etc.
- Equipe seu veículo com alarme.
- Varie os locais de abastecimento e, se possível, os locais de manutenção.

Ao dirigir, siga as seguintes normas:

- observe, pelo retrovisor, os carros que o seguem. Se constatar que o estão seguindo, pare em um posto policial e narre o fato, descrevendo o carro suspeito;
- se for objeto de um ataque, preocupe-se com a direção e use seu carro para defesa e ataque;
- desvie de tumultos causados por acidentes de trânsito ou por qualquer outro motivo; e
- não pare para fornecer carona ou informações.

Antes de entrar no seu carro, assegure-se de que não há indícios de violação. Caso isso tenha acontecido, não toque no veículo e chame a polícia.

Sempre que possível, estacione em garagem vigiada. Evite pernoite em via pública. Não se oponha às inspeções de trânsito. Mostre seus documentos, porque ninguém é obrigado a conhecê-lo.

Ao parar seu carro num sinal de trânsito, evite o contato com estranhos. Seja indiferente. Se for à noite, mantenha o carro na primeira marcha, e com distância compatível com o veículo dianteiro.

Mantenha um Kit de primeiros socorros no veículo.
Ao sair com o veículo, esteja sempre com o telefone celular disponível.

Capítulo 10

Medidas Preventivas para os Familiares

"... é melhor prevenir do que remediar"
Provérbio

- Evite que seus filhos se desloquem desacompanhados nos trajetos da rotina diária.
- Não permita que seus familiares utilizem táxis ou veículos de aplicativos sozinhos. Instrua-os para que não aceitem carona.
- No caso de serem seguidos, o procedimento a adotar é comunicar à autoridade policial. Instrua os familiares para nunca fornecerem dados a estranhos, seja por telefone ou outro meio de busca de informações.
- Não viaje só. Procure organizar caravana com amigos e vizinhos.
- Ao sair de viagem, informe à família o percurso e pontos de parada previstos. Faça contatos periódicos.
- Evite viajar à noite.
- Evite andar com grande quantidade de dinheiro em espécie.
- Caso você seja objeto de extorsão, solicite assessoria das autoridades competentes.
- Estude as origens das ameaças. Analise parentes e amigos ou pessoas com as quais tenha tido problemas (de trabalho ou pessoais). Desconfie de empregados recém-contratados e dispensados.
- Conserve todo tipo de documento que lhe enviem com intimidações. Esses documentos poderão fornecer muitas informações e detalhar a origem das ameaças.

Capítulo 11

Armamento, Munição e Tiro

"Vencerá aquele que:
- souber quando lutar e quando não lutar
- souber empregar tanto forças com superioridade como em desvantagem:
- Preparado, aguardar para surpreender o inimigo despreparado."

Sun Tzu

O armamento para os ASP pode ser variado, como revólver (Rv), pistola (Pst), metralhadora (Beretta, HK, Uzi), fuzil (FAL, AR15, M19, Shot Gun12). A legislação atual não permite o uso de metralhadoras, fuzis e outras armas de calibre restrito, porém os criminosos empregam largamente, o que pode justificar a liberação do seu emprego na segurança privada em breve.

A munição expedida de uma arma de uso restrito, ganha alta velocidade e não entra linearmente no corpo da pessoa, e com isso estraçalha o tecido orgânico, exigindo cuidados médicos especiais.

A polícia de Chicago, uma das que norteiam, mundialmente, a orientação do uso de armamento, retornou ao uso de revólver após substituí-lo pela pistola e aumentar seu calibre.

A arma base para treinamento é o revólver 38 Smith e Wesson, cano médio ou longo.

A principal vantagem do revólver é a virtual impossibilidade de falhar. Se um cartucho falhar, puxa-se o gatilho novamente, e o tambor apresentará outro cartucho na posição de fogo. Ele pode disparar, mesmo se a carga do cartucho for menor que a normal, aceita com facilidade munição recarregada com pouca técnica bem como a execução do tiro com a detonação da espoleta, embora apresente limitação no alcance e na eficácia. É de manuseio seguro, apresenta versatilidade, pois com o mesmo revólver pode-se atirar com cartuchos de grosso calibre (38 e 357). O revólver de cano médio ou longo apresenta precisão de tiro e possibilidade de ser sacado com rapidez. Ele pode ficar fora de uso por longo tempo e ser usado sem problema; seu funcionamento é simples, e requer cuidados mínimos na manutenção.

A principal desvantagem, se comparado à pistola, é que tem menor capacidade de municiamento e o processo de recarregamento é relativamente lento, podendo ser amenizado com os recarregadores de fita e extratores múltiplos. Por isso, o usuário de revólver deve ter sempre munição reserva. A pistola apresenta carregador com maior capacidade de cartuchos e facilidade de carregamento, logo, tem maior volume de fogo.

A grande desvantagem da pistola é a possibilidade de falhar, pois há grande número de fatores que podem bloquear seu mecanismo de funcionamento, como: manutenção inadequada, presença de resíduos de pólvora ou sujeira, carregadores avariados ou com mola sem pressão, cartucho defeituoso ou com carga deficiente.

11.1 Escolha de arma

Para carregar a pistola para o primeiro tiro, precisa-se usar as duas mãos, caso contrário, deve-se manter um cartucho na câmara e a arma pode ficar travada ou destravada. Isto é perigoso e requer grande atenção no manuseio. Adote um procedimento de rotina, mas quando for preciso atirar, seja tudo realizado por ação reflexo.

Portanto, quando o propósito principal for a defesa pessoal contra ataques de surpresa, o revólver de grosso calibre é uma boa opção, por exigir uma reação rápida e confiável para neutralizar o ataque. Quando se espera o engajamento em tiroteio, a pistola automática é recomendada, porém, para atividade de segurança, acredita-se que o melhor é deixar o ASP usar a arma de sua preferência, desde que leve em conta a precisão prática, capacidade de tiro, efetividade de porte, remuniciamento rápido e o afastamento de incidente de tiro. Contudo, recomenda-se ter uma arma alternativa de porte menor. Em treinamentos e em missões, o ASP deve usar as armas e carregadores sempre na mesma posição para automatizar os movimentos.

11.2 Escolha de munição

A escolha da munição é importante para obter o poder de parada (stopping power), que é a capacidade de neutralizar a ação de um oponente de porte médio com somente um tiro. Não se pode afirmar que uma arma, calibre e munição são capazes de deter a ação de um agressor com um só tiro em 100% das vezes. Sendo assim, evita-se afirmar que determinado calibre tem poder de parada superior a outro.

É lendária a competição entre blindagem e projéteis. Em países ricos e com clima ameno o uso de coletes capazes de parar munições fortes são somente usados em certas ocasiões e por tropas especiais, pois são de elevados custos, normalmente pesados, rígidos e desconfortáveis, o que dificulta até mesmo sentar-se no carro. Apesar do avanço tecnológico, há coletes que não resistem a certos tipos de combinação de armas, cargas e projéteis especiais, além de outros fatores que alteram a eficiência dos coletes, como temperatura, umidade, ângulo de impacto, tempo de vida útil e a busca do conforto do usuário em detrimento da segurança. Há de ressaltar que a cabeça – ponto vital – estará desprotegida, porém existirá ocasião em que o uso do colete se fará necessário.

O Colete balístico, equipamento de proteção individual, é um direito do agente de segurança no desempenho de sua atividade.

Os criminosos possuem grande estoque de munições de diferentes calibres e tipos, em face deste contento há necessidade de revisão da legislação para liberação de coletes de níveis mais altos para suportar projéteis de fuzis 7,62 e 556 e até munição do tipo perfurante.

11.3 Distância de tiro

Na atividade de segurança os tiros são normalmente:

- a curta distância, que se pode chamar de defesa aproximada, indo da distância do braço até cerca de sete metros;
- a média distância, que vai dos sete aos 25 metros, onde se mantém o melhor rendimento útil da arma curta. É a distância ideal para a maioria dos treinamentos.
- a longa distância, com a utilização máxima da arma curta. Usa-se o dispositivo de pontaria para distância acima de 25 metros.

Em todos os exercícios de tiro, utilize abafador de ruídos para proteger os ouvidos!
Humanize os alvos, usando bonecos.
Utilize-se ao máximo de paint-ball.

Os ASP devem possuir estágios básicos e avançados de tiro, seguidos de reciclagens periódicas. As posições devem ser variadas: de pé (parado e em movimento), agachado, com o VIP, no interior do carro (parado e em movimento), com uma das mãos ferida, noturno e diurno. Não se deve desprezar também o uso de armas não letais:

11.4 Armas não letais

Armas não letais são desenhadas explicitamente para incapacitar pessoal ou material, minimizando ao mesmo tempo ferimento no pessoal e danos indesejados a propriedades e ao ambiente.

Os agentes da lei precisam adquirir confiança nestas armas, após serem abordadas as questões legais, tecnológicas, regulamentares, psicológicas e éticas.

A taxonomia das armas não letais podem ser antipessoal e antimaterial.
As armas antipessoais usam a seguinte tecnologia:

- física, opera por meio de impacto cinético, restrição física ou perfuração com balas de borracha, rede, canhão de água, bastões de madeira e de espuma, granadas de aerofólios em anel;
- química, opera pela interação química entre o agente e a pessoa-alvo: irritantes (pimenta), corantes, agentes olfatórios, espumas aderentes, agentes mascarantes, obscurescentes, alucinógenos, calmantes;
- energia direcionada, opera depositando energia eletromagnética ou acústica no alvo: como granada de luz e som, luzes pulsantes, luz estonteante, *laser*, microondas, hologramas, barulho alto e infrassom;
- biológica, opera por meio de reação biológica entre o agente e o material alvo. Não há agentes antipessoais legais.

O mercado brasileiro já dispõe de alguns tipos de armas não letais.

Capítulo 12

Técnica de Reação Imediata (TRI)

"Estabeleça e treine conduta para cada situação imaginada e possível de acontecer."
Gabriela Krassiva

São condutas preestabelecidas que visam a capacitar a equipe de segurança para solucionar determinada situação factível de ocorrer com autoridade. As TRI devem ser exaustivamente treinadas e do conhecimento do VIP.

A formação básica a pé é a ilustrada a seguir:

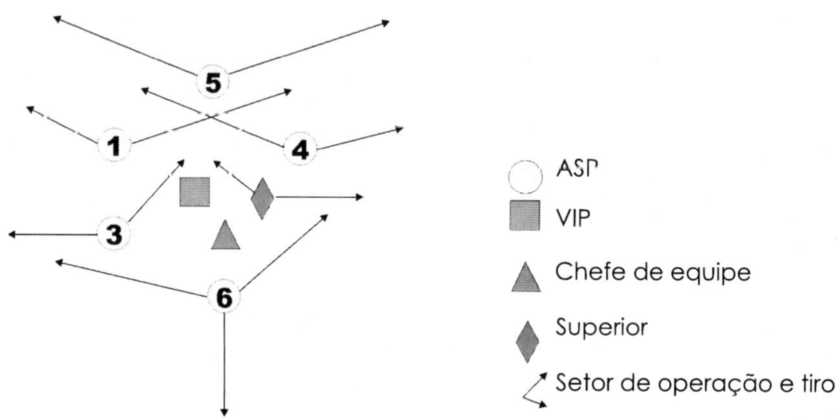

Fig 11

Incidentes de reação imediata

Incidente nº 1 – durante uma visita um psicopata tenta atingir o VIP com uma faca.

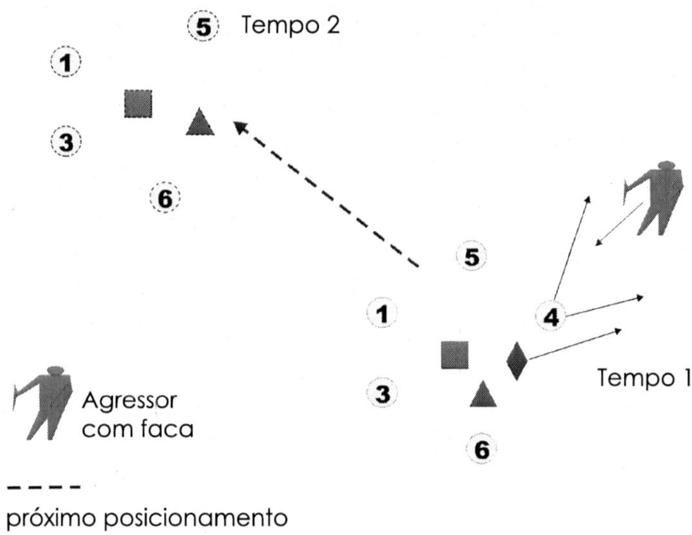

Figura 12

Conduta: o ASP mais próximo do agressor aplica a técnica de defesa pessoal, sendo auxiliado por outro ASP para imobilizar o atacante. Os outros prosseguem na missão naturalmente, retirando o VIP do local.

Incidente nº 2 – durante uma visita, uma pessoa dispara o revólver na direção do VIP.

Conduta: uma parte da equipe protege o VIP, envolve-o e retira-o rapidamente do local, a outra parte da equipe, que se encontrava no setor de observação e tiro do agressor, contra-ataca.

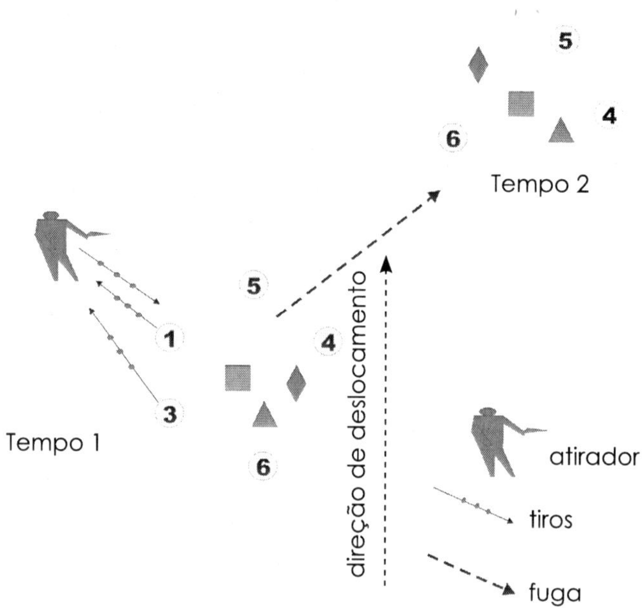

Figura 13

Incidente nº 3 – emboscada frontal do comboio à frente do carro nº 3 (do VIP) imobilizado, provavelmente haverá colisão de veículos.

Conduta: carro nº 2: ASPs e motoristas desembarcam e atiram, retraem posteriormente;

> **carro nº 3:** chefe da equipe de segurança desembarca e retira o VIP, auxiliado pelo ASP da porta da direita traseira do carro nº 4 (ASP-4); motorista do carro nº 3 desembarca, atira e retira o acompanhante do VIP; chefe da equipe ratifica ou retifica o que fazer;
>
> **carro nº 4:** motorista, ASPs e supervisor desembarcam, fazem base de fogos e acolhem o VIP; supervisor comanda a equipe;

carro nº 5: motorista e ASP reforçam a base com fogos e ficam em condições de evadir o VIP; aplicar o máximo de rapidez nesta ação ofensiva.

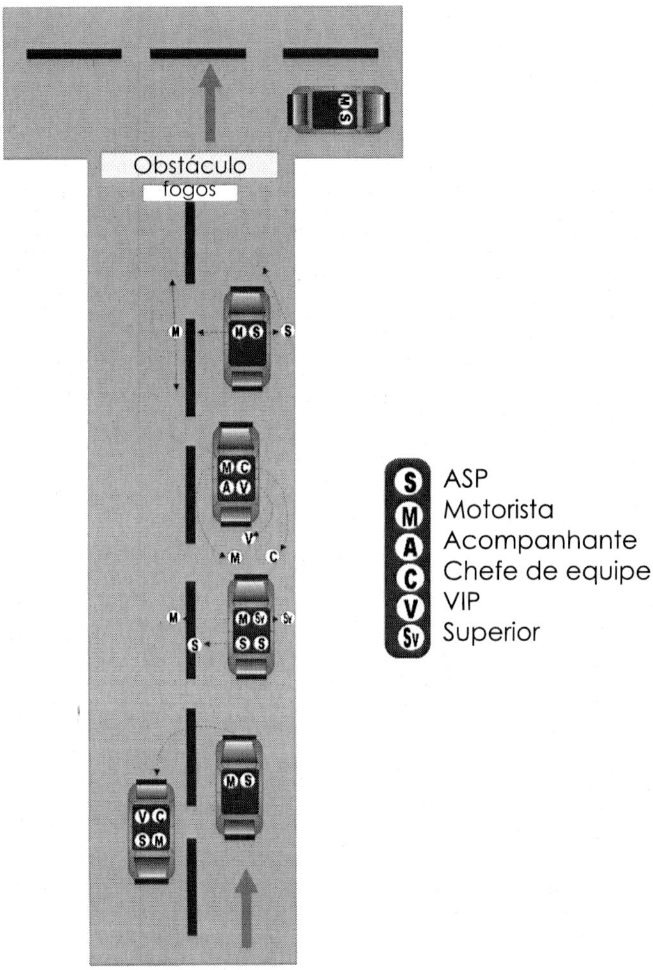

Figura 14

Evite cruzar fogos, não se desespere. Em situação real execute o que foi treinado. A missão é preservar a vida do VIP!

Incidente nº 4 _ emboscada à direita com bloqueio do comboio à frente do carro nº 3 (do VIP) imobilizado.

Conduta:

carro nº 2: motorista e ASP desembarcam pelas portas da esquerda e realizam base de fogos contra inimigo;

carro nº 3: motorista desembarca e retira o acompanhante do VIP; o chefe da Segurança salta para o banco traseiro, protege o VIP e sai pela porta esquerda traseira, já desobstruída com auxílio do motorista;

carro nº 4: o motorista e o ASP desembarcam pelas portas da esquerda e realizam base de fogos contra o inimigo; o supervisor coordena a equipe;

carro nº 5: motorista aproxima viatura e fica em condições de evadir o VIP do local, o chefe da Segurança e o acompanhante.

Caso a emboscada seja à esquerda, o procedimento é de forma análoga ao escrito anteriormente.

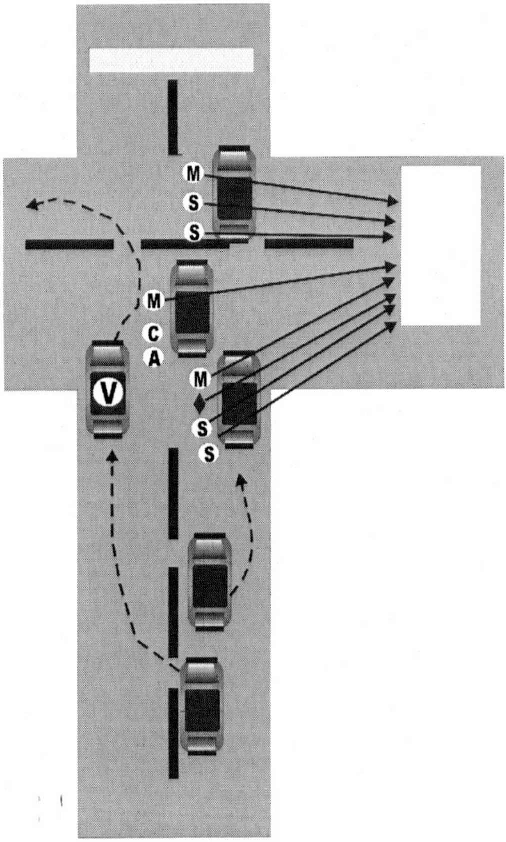

Figura 15

Incidente nº 5: – emboscada à direita do obstáculo à frente e carro nº 3 não foi imobilizado.

Conduta:

carro nº 2: o motorista e o ASP desembarcam pelas portas da esquerda e realizam base de fogos contra o inimigo;

carro nº 3: o motorista realiza manobra rápida, afastando-se do local do perigo, o ASP (chefe da equipe) orienta e tranquiliza o VIP, mantendo o controle das ações subsequentes;

carro nº 4: o motorista põe seu veículo entre o carro nº 3 e o do emboscador, os ASPs das portas da direita disparam suas armas a fim de cobrir o carro do VIP, acompanhando-o;

carro nº 5: os tripulantes ficam em condições de apoiar as ações.

Caso a emboscada seja à esquerda, o procedimento é de forma semelhante ao descrito anteriormente.

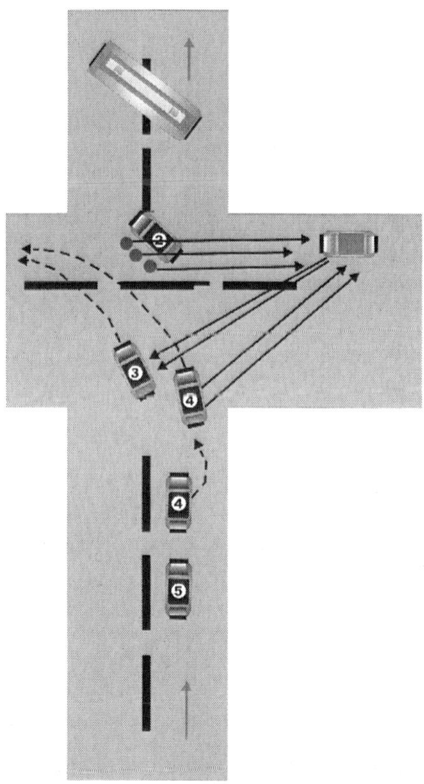

Figura 16

Incidente nº 6 – emboscada à frente com bloqueio e mobilização dos veículos do comboio, inclusive o carro nº 5.

Conduta:

carro nº 2: ASPs e motorista desembarcam e atiram, retraem posteriormente;

carro nº 3: chefe da equipe desembarca e retira o VIP, lidera a ação, procurando abrigo num logradouro público. É também auxiliado pelo ASP da porta da direita traseira do carro nº 4; motorista desembarca, atira e auxilia na retirada do acompanhante da autoridade;

carro nº 4: motorista, ASPs e supervisor desembarcam, fazem base de fogos, cobrindo o deslocamento do VIP;

carro nº 5: a tripulação fica em condições de reforçar a base de fogos com o máximo de rapidez.

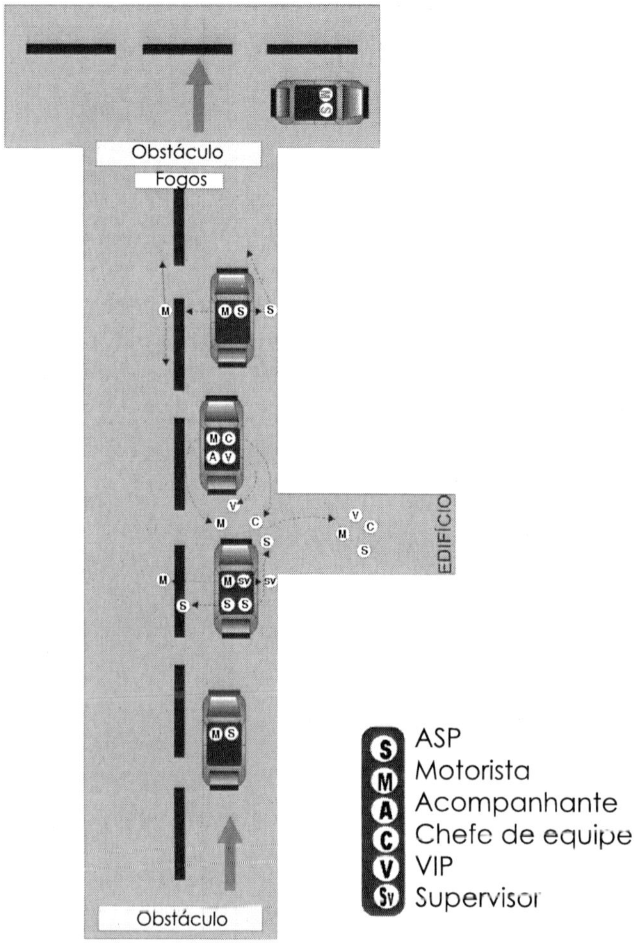

Figura 17

Incidente nº 7: visita de uma comitiva a uma hidrelétrica

Comboio formado por carro (varredura e fecha-comboio), ambulância, batedores e os veículos dos VIPs e ônibus. Ativistas aguardam a passagem do comboio para se manifestar com palavras de ordem e arremesso de ovos, laranjas e papel higiênico molhado.

Conduta:

dividir o comboio: o comboio nº 1 prossegue na pista de rolamento, os batedores e motoristas ligam a sirene e reduzem a velocidade para que os comboios fiquem emparelhados;

comboio nº 2: entra na usina pela contramão com tráfego suspenso, momentos antes para não perder a surpresa. As comunicações têm grande importância na coordenação desta TRI.

O responsável pelo treinamento da equipe deve criar os incidentes possíveis de ocorrer.

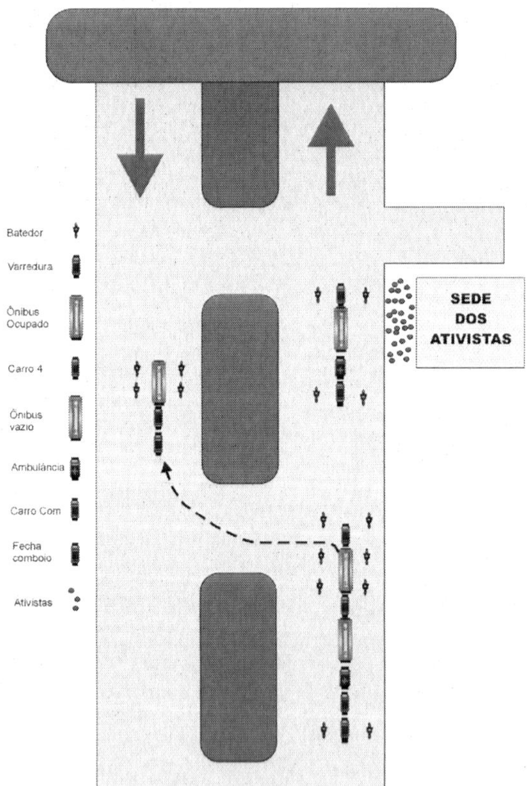

Fig 18

Capítulo 13

Varredura

"Quem chegar primeiro ao campo de batalha e esperar a chegada do inimigo estará em posição vantajosa: quem o atingir depois e tiver de precipitar-se para o combate, já estará em desvantagem."

SunTzu

Denomina-se varredura, as inspeções realizadas em edifícios, salas, gabinetes e outros ambientes, viaturas, estradas, presentes e correspondência. Visa a eliminar a presença de artefatos explosivos ou incendiários, equipamentos eletrônicos de escutas diretas ou de gravações de som e imagens clandestinas, bem como qualquer material que possa colocar em risco a integridade física, moral ou psicológica de um VIP ou qualquer pessoa. O inspetor é o responsável pelos trabalhos de varredura.

O inspetor deve possuir cultura geral e especializada do assunto, de modo a identificar materiais e substâncias, conhecer tecnologias diversas, meios e métodos em uso ou que poderão ser postos em prática de determinadas circunstâncias, apreciar, julgar e concluir em tempo hábil.

O ideal é que cada equipe de varredura tenha em sua composição inspetores com conhecimentos específicos nas áreas de eletricidade, eletrônica, mecânica, telecomunicações, cinefoto, combate a incêndios, segurança de trabalho e instalações. Caso contrário, durante o planejamento, deve ser previsto um consultor com conhecimento específico no campo desejado para os trabalhos.

Nível alto de concentração, boa memória, boa visão, perspicácia, paciência, disciplina mental e coragem são requisitos necessários para o bom desempenho na missão.

A observação e a prática têm demonstrado que uma equipe de varredura deve ser constituída pelo menos por dois inspetores. As práticas solitárias muitas vezes levam a dúvidas e à exaustão dos sentidos. Assim, mais de um inspetor para desempenhar a tarefa, além de proporcionar um companheiro para sanar dúvidas, traz também uma testemunha e um estímulo. Um indivíduo, realizando sozinho uma inspeção, necessita de grande força de vontade e pertinácia para examinar áreas maiores.

As equipes muito grandes não são recomendáveis, pois a presença de várias pessoas em ambientes pequenos tumultua e dificulta a execução dos trabalhos. O ideal é ter uma equipe de no máximo quatro inspetores caso a área a ser vistoriada seja muito grande e se faça necessário agilizar os trabalhos. O recomendável é que seja dividida a área e aumente o número de equipes e não o tamanho da equipe.

As tarefas deverão ser divididas proporcionalmente ao número de elementos de cada equipe, devendo sempre procurar o coordenador da varredura, mesclar o conhecimento de seus auxiliares por ocasião da formação dos grupos e divisão do ambiente, a fim de obter o melhor resultado possível com os recursos humanos empregados.

Capítulo 14

Varredura em Ambiente Fechado

Esta varredura pode ser processada de três maneiras:

a) inspeção física mecânica.
b) instrumentada ou eletrônica, com detectores próprios para explosivos ou escutas.
c) com animais treinados (cães farejadores).

É importante ressaltar que se pode e deve combinar estes processos citados.

A inspeção física normalmente é a que apresenta mais resultados eficazes, pois, para determinados tipos de artifícios, não existem detectores. Este procedimento deve ser executado para um melhor resultado da varredura. Nas inspeções físicas, o treinamento e o grau de conhecimento específico são fatores preponderantes.

Os motivos que determinam uma varredura podem ser:

- **procedimento padrão:** quando se procura verificar que está tudo correto num ambiente já conhecido, usado frequentemente pelo VIP e sob constante vigilância;
- **visita:** quando o evento é realizado fora do ambiente normal de trabalho do VIP;
- **vazamento e infiltrações:** quando se têm notícias de vazamento de informações ou de violação de ambiente reservado;
- **perigo iminente:** por ocasião de ameaças por carta, telefonemas, perturbação da ordem;

- **instalação:** quando da ocupação temporária ou em definitivo, pelo VIP, de uma instalação ou área.

O local a ser vistoriado deve ser considerado em todas as suas dimensões, com todos os acessos e adjacências observados. Tem-se a preocupação de vistoriar o que existe em cima, embaixo e nas laterais dos ambientes. Caso não seja bloco isolado, mas faça parte de outra construção, os acessos e as instalações comuns como hidráulica, telefônica, de energia elétrica, ar-condicionado, dispositivo contra incêndios, elevadores, garagens e os geradores de emergência também deverão ser vistoriados.

Estas considerações fazem parte do planejamento inicial, devendo ser o passo seguinte à divisão dos ambientes a serem vistoriados pelos membros da equipe. Na contagem das partes, não omitir o teto e o sótão, que entram na divisão juntamente com as paredes e são considerados partes a serem vistoriadas.

Quando alguma parte for muita extensa ou se mostrar complexa diante da equipe.

Exemplo: uma estante de biblioteca.

Na execução da varredura deve ser estabelecido um sentido de rotação, de maneira que um elemento não atrapalhe a movimentação do companheiro e assegure que todas as partes serão verificadas. Normalmente, os equipamentos e as ferramentas a serem utilizados são colocados no meio do ambiente para utilização de todos. Esse local deve ser vistoriado no encerramento do trabalho, tendo-se o cuidado de não esquecê-lo.

O mobiliário e os utensílios que compõem um recinto não se encontram tão somente junto às paredes, mas em todas as partes do ambiente, por isso recomenda-se que na hora da divisão sejam traçadas diagonais para determinar a quem cabe inspecionar os objetos mais ao centro.

Durante a realização do trabalho, os lugares que apresentarem dúvidas ou suspeitas devem ser marcados para revisão final, quando os membros da equipe poderão até emitir parecer a respeito. Em hipótese alguma deve-se interromper a rotação, salvo perigo de vida iminente, sob pena de se detectar um artefato e deixar passar despercebidos os demais (finta ou disfarce de intenção).

Uma vez terminada a inspeção física na parte que compete a cada inspetor, munidos todos de ferramenta adequada ou equipamento detector, iniciar a revisão das partes marcadas como duvidosas ou suspeitas. A revisão pode e deve, sempre que possível, contar com a colaboração dos demais membros da equipe ou daquele que detenha mais conhecimento sobre o material suspeito.

Em ambientes, cobertos ou não, sem divisões internas, tais como cinemas, ginásios, clubes, grandes salões para convenções e outros, pode-se, dependendo do tempo e tipo de varredura solicitada, executar um dispositivo em linha, determinando-se para isso, o setor bem definido para cada elemento da equipe, esse tipo de varredura é conhecido como "pente-fino".

Deve-se procurar:

- explosivos e/ou inflamáveis colocados de propósito ou estocados erroneamente;
- aparelhos de escuta alojados em telefones, em outros equipamentos ou mesmo autônomo;
- máquinas fotográficas em possíveis locais de ocultamento, com acionamento de tempo ou remoto, frestas ou até mesmo janelas que propiciem a tirada de fotos; câmeras de vídeo ou filmadoras, com as mesmas possibilidades do item anterior;
- sabotagem (artifícios que possam expor qualquer risco ou vexame ao VIP); Exemplo: tapetes escorregadios, interruptores que não funcionam, instalações sanitárias entupidas que transbordam etc.

- perigos diversos: choques elétricos, incêndios ou queimaduras, desabamento total ou parcial, falta de energia, envenenamento, posição de tiro ou observação.

Procura-se em todos os lugares possíveis e imaginários.

Não existem barreiras para a imaginação e a criatividade, haja vista a maioria dos artefatos serem preparados com meios de fortuna, pouco se utilizando material ou meio convencional. A cada dia surgem novidades, e é preciso acompanhar os acontecimentos e o desenvolvimento de novos materiais. Um indivíduo dotado de imaginação e conhecimento, com a gama de materiais que a moderna tecnologia coloca à sua disposição, pode, com facilidade, atingir seu objetivo se os elementos encarregados das varreduras não estiverem convenientemente treinados.

Tudo que se move, abre ou fecha, gira, aperta ou puxa, afrouxa, acende ou apaga, deve ser examinado e depois testado em seu funcionamento; assim como os locais mais lógicos para escutas e filmagens, que permitam boa audição e ângulo para as imagens, que você próprio escolheria como ideal, não devem ser esquecidos.

Os quadros de luz e força, distribuidores telefônicos, instalações contra incêndios, casa de máquinas dos elevadores, geradores de emergência e saunas devem ser vistoriados.

Cuidado com o óbvio. Determinados objetos ornamentais com seu aspecto inocente, nos levam a desconsiderá-los, podem ser ameaças reais. Aparelhos eletrônicos e peças de decoração oferecem excelentes disfarces.

A verificação não deve se restringir somente ao interior do ambiente. Os andares superiores, inferiores e laterais devem estar incluídos no plano de vistorias, bem como todos os acessos existentes. Cogitar também, quando de edificações isoladas, os telhados, sótãos, porões, jardins etc.

Quando sob alerta de bomba, o cuidado deve ser redobrado. Outros fatores merecem consideração como o tempo, o tamanho do local, se está ocupado por pessoas e o tamanho da equipe de vistoria. Objetos (maletas, malas, pacotes e embrulhos) abandonados ou sem a presença do proprietário passam a ser suspeitos e inspiram cuidados no seu manuseio.

A varredura é uma busca que, além de basear-se no que os nossos sentidos percebem e os instrumentos indicam, deve procurar também indícios e pistas que levem a conclusões e, consequentemente, à localização pretendida. O motivo da varredura é sempre o primeiro indício de como se procederá à procura.

É sempre bom observar atentamente os objetos que apresentem partes móveis, antes de tocá-los ou movê-los. Verifique em toda sua volta seu funcionamento, perguntando, caso não conheça algum procedimento. Seja cauteloso, verifique uma parte de cada vez e obedeça sempre ao sentido de rotação.

Tenha sempre à mão a planta das edificações a serem vistoriadas, principalmente a elétrica. Se não a possuir, providencie para que seja feito um esboço do local para arquivo e vistorias posteriores.

Observe antes de tocar, olhe, escute, cheire antes de mover. Não guarde dúvidas. A investigação ajuda a salvar vidas. Não corra riscos desnecessários, tais como sentar-se em poltronas ou em camas com o intuito de testá-las sem antes proceder a uma verificação minuciosa.

Considera-se como indícios de um atentado ou escutas clandestinas os aspectos a seguir:

- paredes pintadas recentemente ou partes delas;
- danos na pintura ou no embolso das paredes ou rodapés etc.;
- danos na pintura dos móveis e utensílios, principalmente, próximos às junções;

- marcas deixadas pela poeira que indiquem remoção de móveis, livros, objetos de decoração, tapetes e outros;
- marcas descoradas deixadas pela exposição à luz do sol em assoalhos ou móveis que servem para determinar a posição anterior;
- objetos não compatíveis com a decoração;
- capas e restos de fios e fita isolante;
- cheiros estranhos;
- grampos novos, costuras e colas recentes, tecidos com cores diferentes;
- arranhões em determinadas peças, incluindo-se fechaduras;
- marcas de mão em locais de pouco uso ou difícil acesso;
- reportagens, fotos e filmagens não autorizadas etc.

Uma vez constatada a presença de qualquer anormalidade, os procedimentos a seguir devem ser adotados de acordo com a natureza do achado:

- marcar o local;
- usar o método combinado pela equipe;
- isolar a área para impedir que alguém ou algo inicie o processo, no caso de explosivo;
- não desmontar;
- chamar a equipe especializada;
- evitar a divulgação do fato;
- providenciar a evacuação da área. Utilizar o plano de evacuação, se houver; caso contrário, estabelecer uma forma que evite o tumulto e o pânico;
- manter a segurança do local.

Dependendo do tipo de varredura e local onde esta será realizada, a operação terá caráter sigiloso, principalmente quando se tratar de contramedida eletrônica. Portanto, recomenda-se que informações – como formação das equipes, localização de algo anormal, relatórios, datas e locais – sejam classificadas como sigilosos. Durante varreduras que visem a descobrir equipamentos de escuta, devem ser evitadas conversas desnecessárias que venham a prejudicar o trabalho que está sendo realizado, para não perder uma das principais pistas, caso o equipamento seja de controle remoto.

Além do condicionamento dos sentidos, um instrumental moderno e eficiente contribui muito para um bom resultado das varreduras. É sempre vantajoso contar com os seguintes equipamentos:

- ferramenta apropriada para perito em explosivos;
- detector de metais;
- detector de emanações de gases de explosivos;
- detector e localizador de radiofrequência (RF);
- frequencímetros;
- equipamento de raios-X (portátil) e outros.

Conclui-se que uma varredura realizada com critério proporciona certo grau de segurança, tranquilidade, tanto para o VIP como também para a equipe encarregada da custódia. Não é necessário que um atentado seja concretizado. Em alguns casos, basta que sejam divulgadas informações que o pressuponham para que determinado efeito seja conseguido. Por exemplo, pode-se frustrar um espetáculo qualquer, simplesmente espalhando boatos de atentado a bomba.

Equipes bem capacitadas, conhecimentos atualizados, equipamentos adequados, força de vontade e crença na possibilidade de encontrar algo constituem a chave para o sucesso da missão e economia de vidas humanas.

14.1 Varredura em veículo

Um veículo automotor reúne as condições ideais para a execução de um atentado, visto que possui uma variedade muito grande de peças e aparelhos, sendo a cada dia atualizado com novidades tecnológicas. Um veículo pode ser aproveitado por vários meios de acionamento para desencadear um atentado, que pode ser uma escuta, uma explosão ou até um acidente disfarçado, conforme já muitas vezes visto em filme e noticiário na mídia.

Nele estarão reunidas fontes de energia elétrica, de calor, movimento e velocidade com aceleração e desaceleração, combustível, fonte de luz e vários interruptores, portas, tampas, água, óleo; enfim, tudo pode ser transformado em uma armadilha mortal, além das partes mecânicas que podem ser danificadas.

As inspeções em carros devem ser vistas sobre três aspectos:

- quando se trata de viatura de uso normal do VIP, guardada e vigiada como prescrevem as normas;
- quando se trata de uma viatura de uso eventual;
- quando se trata de um carro suspeito, colocado em ponto pré-selecionado de passagem de um VIP ou nas proximidades de algum prédio considerado alvo importante.

No primeiro caso, recomenda-se que o carro tenha local apropriado para ser guardado, com as portas trancadas e sob a vigilância de uma guarda. O veículo deve ser guardado "limpo" ("polido") e trancado, para dificultar o acesso a seu interior. O agente deve revistar o carro diariamente antes de usá-lo.

No segundo caso – o carro de uso eventual –, o procedimento é o inverso. Caso haja pernoite, revista-se o carro antes de guardá-lo, procedendo-se nova revista no dia seguinte antes de usá-lo. Neste caso, a varredura não deve restringir-se somente à guarda de explosivos e escutas, devendo-se também avaliar as condições de limpeza e conservação da viatura e seu funcionamento.

No terceiro caso – o carro suspeito – a abordagem se reveste de características especiais que serão tratadas adiante.

A parte elétrica do carro merece atenção especial no capítulo das varreduras, pois por meio delas se podem ser alimentar dos vários equipamentos e acionadores, conseguindo-se os mais variados efeitos e resultados.

É importante que o agente encarregado das varreduras tenha ou procure conhecimentos a respeito do veículo que vai vistoriar. A mesma marca, o mesmo modelo pode apresentar algumas diferenças internas, de acordo com o ano de fabricação.

A quantidade de interruptores existentes facilita a instalação e o acionamento de artefatos. Pode-se obter corrente em toda extensão do veículo. Tudo possibilita o uso de espoleta elétrica, mecanismo de retardo ou de hora precisa, escuta e outros.

A escolha do melhor local para instalação de um artefato depende de fatores como:

- conhecimento técnico do terrorista;
- qualidade de explosivo disponível;
- tempo disponível para colocação; e
- disponibilidade do veículo.

Destacam-se, quanto ao êxito, os seguintes locais:

- cofre do motor: há grande quantidade de peças, acesso a calor, eletricidade e movimento, proximidade do motorista, imobilização do veículo, grande chave do sucesso;

- sob ou no interior dos assentos, êxito total, *busca o trabalho oculto*;
- junto ao tanque de combustível, reforço considerável pela existência de grande quantidade de combustível;
- outros locais; há sempre a possibilidade de se mascarar o atentado, fazendo-o parecer mero acidente. Outros locais podem ser escolhidos, como rodas, porta-malas e tapetes.
- artefatos autônomos ou de controle remoto, independência total das fontes de veículos.

Não se deve ter a ideia de que todo artefato tem de estar inteiramente ligado ao funcionamento do veículo; a possibilidade de um equipamento ser totalmente autônomo existe e deve ser considerada.

Portanto, deve-se ter a preocupação de que a viatura esteja sempre sendo vigiada pelo seu motorista ou outro agente encarregado da segurança do comboio, durante todo o tempo que esta estiver à disposição do VIP. Existe uma grande facilidade e rapidez de instalação de equipamentos adaptados à ímãs, por ser o veículo, em quase sua totalidade, formado por partes metálicas.

Artefatos e equipamentos que não dependem de fontes de alimentação do veículo podem ser acionados por controle remoto, tempo, inércia, compressão e descompressão.

Uma revista completa deve ser efetuada por dois inspetores (agentes) e para isso a viatura deverá ser dividida ao meio, longitudinalmente (direita e esquerda).

Cada lado será subdividido em partes que correspondam a:
- cofre do motor e para-brisa dianteiro;
- painel e banco dianteiro;
- banco traseiro;
- porta-malas e para-choque traseiro;

- rodas e partes de baixo do veículo.

Antes de abrir qualquer porta do veículo, deve-se examinar o local em volta deste, à procura de indícios. Caso o veículo tenha ficado guardado em garagem, "limpo", como o preconizado, procurar marcas de mãos ou remoção da camada de poeira em determinado local que indiquem um manuseio excessivo em determinado ponto do veículo.

Procurar sempre conhecer bem o veículo a ser vistoriado, inclusive alterações introduzidas nos modelos mais recentes. Localizar onde se encontra a bateria e dar prioridade de abertura para o local onde esta se encontra, visando ao seu desligamento o mais rápido possível.

O companheiro do outro lado do veículo tem melhor visão do interior junto às portas e pode coordenar a abertura. Procurar observar antes de abrir. Com auxílio de um arame ou tira de papelão, verificar se nada se prende às portas, de forma a acionar um mecanismo qualquer, iluminando o local vistoriado com o auxílio de uma lanterna.

São indícios de existência de artefatos o afundamento ou saliências de assentos, encosto ou carpetes.

São indícios da existência de bombas em veículos:

- a anormalidade em qualquer objeto, parte ou estrutura;
- os arames tensos, ou frouxos, em torno do veículo;
- as pegadas no solo ou em lugares impróprios;
- os pedaços de fitas isolantes, capas de condutores ou pedaços de fio;
- as pilhas secas ou baterias;
- os móveis ou objetos fora do lugar;
- os fios elétricos soltos ou ligados a lugares inadequados;
- os pinos, pregos e parafusos soltos;

- a terra solta (revolvida);
- as portas, janelas, gavetas, cortinas e persianas parcialmente fechadas ou abertas;
- os relógios em lugares inadequados;
- o cheiro característico de quaisquer substâncias químicas;
- o forro de cadeira, colchão e travesseiro descosturados.

Capítulo 15

Sequestro

"É preciso ser raposa para reconhecer as armadilhas,
e leão para amedrontar os lobos."
Maquiavel

Sequestro é o crime que consiste em reter ilegalmente alguém, privando-o de sua liberdade.

Numa negociação com sequestradores, evite fornecer qualquer tipo de tóxico, armas ou explosivos, troca de reféns ou prisioneiros e negociador estranho ao esquema.

O método de comunicação mais utilizado para contato com os sequestradores é o telefone monitorado. Usar o megafone só em último caso, pois o negociador pode ser alvejado por algum sequestrador.

A comunicação entre a equipe de negociação e o chefe da operação deve ser feita por meio do equipamento especial, pelo qual o chefe da operação aprova ou desaprova o andamento das negociações, por meio de um código.

A assessoria de segurança pessoal dificilmente fará parte de uma operação antissequestro, porém é interessante possuir conhecimento a respeito, pois poderá dar início a esse tipo de operação até a chegada do pessoal especializado no assunto e para poder avaliar a operação.

Os sequestradores podem ter vários objetivos: criar impacto, obter simpatia por uma causa, desmoralizar autoridades, obter grande quantidade de dinheiro, escapar de um cerco policial ou criar simbolismo político.

Os sequestradores são classificados em:

Quanto ao tipo

1 - Criminosos comuns
Atualmente são os mais comuns, realizam sua ação para obter dinheiro, escapar de um cerco policial ou de uma situação incômoda, como a vida num cárcere superlotado.

De maneira geral, se houver uma ação policial firme e boa negociação, os criminosos se rendem.

2 - Terroristas
São profissionais, normalmente, competentes e se utilizam de armamentos sofisticados. Para neutralizá-lo são necessárias uma firme ação policial e grande capacidade para as negociações.

3 - Doentes mentais
São pessoas que realizam suas ações como resultados de comportamento patológico fora das faculdades mentais normais, como os paranoicos, antissociais e os depressivos.

Podem ser dissuadidos por meio de hábil negociação.

4 - Refugiados
Normalmente são nervosos e incompetentes. Praticam o crime com o propósito de fugir do país.

Quanto ao número

1- Solitário

Quando se trata de apenas uma pessoa, normalmente doente mental ou simpatizante de uma organização terrorista.

2- Grupo

Quando há mais de um indivíduo estruturado em crime e terror.

Identificado o lugar de confinamento, que pode ser uma residência, aeronave, embarcação, instalação industrial, deve-se cercar o local, realizando um cinturão aproximado, de modo que se possam observar as atividades dos sequestradores e que estes não possam ver a dos antissequestradores. Tangenciando esse cinturão, instala-se o Posto de Controle Aproximado, em que ficará o negociador. Logo depois fecha-se o cinturão externo e fora deste deve-se instalar o Posto de Controle Principal, em que permanecerá o chefe da operação, que não deve ser o negociador.

Dentro do cinturão aproximado só é permitida a permanência de forças de segurança da operação. As edificações vizinhas serão evacuadas para maior segurança. A imprensa e o público ficarão fora do cinturão. O espaço aéreo deve ser controlado.

A negociação é uma forma de solucionar a crise e de se ganhar tempo para futuras ações. Ela pode ser iniciada com o incidente estático e sem eliminação física de reféns. A mesma exige pessoas treinadas, capacitadas e com conhecimento sobre técnicas de entrevista, psicologia, psiquiatria e que pertença à Força de Segurança.

Uma operação antissequestro tem como objetivo:

- fazer com que os sequestradores só mantenham contato com a equipe de negociação;

- criar atmosfera favorável ao diálogo e realizar uma ação ofensiva caso a negociação falhe, para que possa cumprir suas missões de:

  preservar as vidas dos reféns, dos membros das Forças de Segurança, do público e do sequestrador, e como também resgatar os reféns, neutralizando os sequestradores; ganhar tempo, que é fundamental numa operação antissequestro, apresentando as vantagens: do aumento das necessidades psicológicas dos sequestradores; da apresentação dos problemas médicos em razão da ansiedade; e do aumento na quantidade de dados sobre sequestradores, reféns, e local do confinamento.

Devem-se buscar alguns elementos essenciais de informações como:

a. **Sequestradores:** Quantos são? Qual o *modus operandi*? Quais os tipos de armas que possuem? Quais os nomes, com perfil psicológico e características fisionômicas? Que trajes que estão usando? De onde recebem apoio? Qual a ligação com outros grupos?

b. **Reféns:** Quantos são? Onde estão? Quais os nomes, idades, sexo, altura e peso? Quais as características fisionômicas (com retrato)? Qual o estado de saúde? Qual a tipagem sanguínea?

c. **Local de confinamento:** Qual a distância entre as edificações? Quais são as plantas de instalação hidráulica do esgoto, da tubulação das águas pluviais? Qual o tipo de iluminação e calçamento das ruas? Qual a vegetação existente? Quais os ruídos característicos? Qual a espessura das paredes? Quais os tipos de janelas (grades), alçapões, escotilhas de escape e sótão?

Os seguintes fatores devem ser considerados:

- o tempo;

- as exigências;
- os prazos;
- a ameaça; e
- os reféns são fatores a considerar.

O tempo pode fazer com que os sequestradores apresentem as seguintes desvantagens:

- cansaço, que pode levá-los à irracionalidade e imprevisibilidade;
- tentação de se passar para uma ação ofensiva, em vez de negociar;
- expectativa do ataque.

Deixe que os sequestradores apresentem as exigências e não pergunte sobre elas. Realiza-se a exigência mais fácil e considera-se a hipótese de uma exigência alternativa. Nunca prometa algo que não possa ser cumprido.

Depois de realizados os acordos, os itens devem ser cumpridos.

Nunca pergunte pelo prazo para cumprir uma exigência, assim como não se deve mencionar prazo preestabelecido.
Evite formular ameaças aos sequestradores.

Os reféns são ótimas fontes de dados quando libertados. Deve-se tentar a libertação dos que têm problemas médicos. Evite mandar o médico, pois ele poderá servir aos sequestradores.

O intérprete só é acionado quando há barreira do idioma. O intermediário (religioso, jornalista, político) e psicólogo devem ter sua missão bem definida, não podem atuar como negociadores. O intermediário, sempre que possível, deve ser evitado, pois normalmente traz sérios problemas à negociação.

A Síndrome de Estocolmo pode ocorrer quando os reféns, após o sentimento negativo em relação aos sequestradores, passam a apoiá-los, criando um sentimento contra a força legal. Reféns e sequestradores ficam unidos.

Fatores que propiciam a Síndrome de Estocolmo:

- diálogo entre reféns e sequestradores;
- local de confinamento reduzido;
- falta de revezamento dos sequestradores na guarda dos reféns;
- despreparo dos reféns para rejeitar os argumentos dos sequestradores;
- condições de dificuldades vividas por ambos.

Após a liberação dos reféns, evitar o contato entre eles e os órgãos de imprensa; dessa maneira, procura-se impedir a formação de opinião pública favorável ou simpatizante aos sequestradores.

Capítulo 16

Contrainteligência (CI)

"Se você conhecer o inimigo e a si próprio, não haverá dúvida quanto à vitória. Se você conhecer os céus e conhecer a terra, sua vitória será completa."

Sun Tzu

A contrainteligência é a primeira linha de defesa da instituição quer familiar ou organizacional. Compete-lhe desenvolver atitudes e ações destinadas a prevenir e a neutralizar os efeitos de operações de inteligência, espionagem, sabotagem, roubos, propaganda e outras ações desenvolvidas por organizações ou elementos adversos descontentes com a nossa instituição.

A atividade de CI não se restringe ao trabalho de especialistas e sim da observância dos preceitos por todos os integrantes da instituição.

Seja discreto, resista à vaidade de querer mostrar-se bem informado.

Fale somente o necessário ao telefone, ele pode tornar-se inimigo, por isso seja breve e discreto. Há assuntos que não podem ser tratados por telefone.

A possibilidade de manifestação de ações adversas obriga a Contrainteligência a adotar providências que a ela se contraponham.

As medidas de Contrainteligência estão compreendidas em dois grupos, que se apoiam e se completam: a segurança orgânica e a segurança ativa.

A segurança orgânica compreende um conjunto de medidas voltadas para a prevenção e a obstrução das ações adversas de qualquer natureza. Ela se desdobra nos seguintes segmentos:

- segurança do pessoal, segurança das áreas e instalações e segurança das comunicações, conforme já citadas;
- segurança da documentação e material, o exato cumprimento das diretrizes, instruções e normas da assessoria de segurança;
- segurança da informática, garantia por medidas de preservação e sigilo dos processamentos e transmissão de dados, e a integridade de sistemas e programas computadorizados do serviço de segurança. É importante ressaltar que o conjunto de medidas de segurança orgânica deve ser implementado harmonicamente no âmbito de cada organização, mediante planejamento criterioso. Este planejamento se materializa em um Plano de Segurança Orgânico.

A segurança ativa é implementada pela execução das seguintes atividades de contrainteligência:

- contraespionagem, a atividade destinada a espionagem aos conhecimentos sensíveis controlados;
- contraterrorismo, a atividade destinada a detectar, identificar e neutralizar as ações terroristas;
- contrassabotagem, a atividade destinada a revelar ameaça de sabotagem à instalação de equipamento de serviço de segurança, identificando e neutralizando os sabotadores;
- contrapropaganda, a atividade que tem por finalidade anular os efeitos da propaganda adversa sobre a assessoria de segurança;
- desinformação, a atividade que visa a ocultar ou induzir a erro de apreciação sobre a atividade de segurança.

Capítulo 17

Socorros Emergenciais

"O primeiro socorro é de suma importância para o paciente."
Eloah Dantas

A chegada inesperada de um VIP no setor de emergências de um hospital é um evento raro, para o qual o pessoal, em todos os níveis, precisa estar preparado, pois apresentam problemas especiais para os quais a rotina normal não é adequadamente preparada.

É importante restringir o acesso ao setor de emergência após a chegada do VIP. Eventos dessa natureza tendem a atrair administradores clínicos, chefes e pessoal hospitalar que querem ver o paciente e serem vistos, podendo criar uma atmosfera de circo e uma situação antiética em relação à possibilidade de proporcionar bons cuidados. Deve-se também designar uma sala e uma pessoa para comunicar os boletins médicos.

Após a realização de estágio de socorro de emergência, comprovado com certificado, o ASP deve ter em mente o procedimento a seguir para prestar os primeiros socorros no local, quando não existirem profissionais qualificados na área médica.

a. Em caso de acidente, realize inicialmente o Exame Sumário:

- nível de consciência;
- desobstrução das vias aéreas superiores;
- circulação; e
- alterações neurológicas (estímulos-respostas com beliscão).

As funções vitais têm prioridade um. Caso a vítima tenha perdido estas funções (respiração e circulação), fazer a animação cardiopulmonar (RCP):

- individual: 15 massagens cardíacas para 2 respirações; ou
- dupla: 05 massagens cardíacas para 1 respiração.

b. Posteriormente realiza-se o exame secundário

1. Exame da vítima sem consciência, com hipótese de traumatismo craniano encefálico (TCE) ou lesão de coluna cervical.

- iniciar o exame pela cabeça, à procura de indícios;
- verificar o pescoço;
- verificar o braço direito, examinando-o, até chegar à mão (estimular os dedos da mão);
- verificar o tronco até o abdômen, observando se existem costelas quebradas;
- verificar o braço esquerdo, examinando-o, até chegar à mão (estimular os dedos da mão);
- verificar a perna direita e depois a esquerda, para constatar se estão com fraturas (ver batimento da veia femoral);
- fazer giro de 90º, com a ajuda de duas pessoas, e examinar as costas/coluna cervical (deve-se ter cuidado ao mover a vítima);

2. Desobstrução das vias aéreas feita com extensão do pescoço.

3. Estanque das hemorragias com curativos e/ou bandagens (o torniquete é usado como último recurso).

4. O procedimento de aplicação da RCP em crianças de 4 a 10 anos deve ser das seguintes maneiras:

- individual: 10 massagens cardíacas para 2 respirações;
- dupla: 3 massagens cardíacas para 1 respiração.

5. A contagem para o ritmo das massagens cardíacas deverá ser:

- 101, 102, 103 104, 105, não interrompendo a massagem para a respiração.

Esta deve ser feita concomitantemente, sempre que possível.

6. Caso haja várias vítimas, a prioridade de atendimento deverá recair sobre as que não se queixam de dor e estejam em estado absoluto de consciência.

7. No transporte da vítima utilizar superfície dura (porta, folha de compensado).

8. Procure avaliar a superfície queimada, no caso de queimaduras, e não remova os tecidos grudados à pele.

9. Não remover facas, ferragens e outros objetos em acidentes de perfuração.

10. Não recolocar órgão que tenha saído do corpo do acidentado. O certo é protegê-lo com um pano úmido.

Capítulo 18

Correspondência-bomba

"Todo cuidado com a mania de matar pelo Correio..."
Iracema Gomes

A correspondência-bomba é um artefato, normalmente de fabricação artesanal, que se mascara como envelopes utilizados em correspondência ou embrulhos como presentes e tem como finalidade matar, mutilar ou intimidar o destinatário. Sendo assim toda correspondência deve ser inspecionada pela assessoria de segurança.

O agente, ao inspecionar a correspondência, em local apropriado, procurará observar: a rigidez e a espessura do envelope; o centro de gravidade deslocado; o peso não compatível com o volume; a presença de pequenos furos, destinados à retirada do dispositivo de segurança; os selos ou fitas adesivas posicionadas em locais estranhos, que podem estar escondendo furos de extração de dispositivos de segurança; sinal de que foi aberto pelo lado errado, para montagem de mecanismo para detectar manchas e cheiros, pois alguns explosivos plásticos têm odor de amêndoa; carimbo "Pessoal" e procedência.

Os componentes utilizados são: envelope ou pacote; a carga, geralmente uma camada de explosivo plástico de 2 a 3 mm de espessura com detonador metálico, posicionado próximo ao centro da camada de explosivo; interruptor simples, destinado a levar energia elétrica para o detonador quando da abertura do envelope ou retirada de seu conteúdo; bateria de relógio ou similar, e cartolina ou cartão – usualmente utilizado para interfacear o conjunto.

Caso se suspeite de uma correspondência-bomba deve-se deixá-la sobre uma mesa, de preferência de tampo de vidro, e não colocá-la em água. Evacua-se o ambiente. Não abra a correspondência e solicite o apoio de órgãos especializados para sindicar a procedência.

Capítulo 19

Transporte em Helicóptero

"Hoje em dia, o helicóptero é usado com múltipla função, pois pode ser usado como meio alternativo de transporte de executivo, na assistência médica ou proporcionando segurança..."

Yanko Seraphim

O helicóptero biturbinado constitui um meio de transporte rápido, moderno, seguro, principalmente quando o piloto diversifica o itinerário.

O custo e a redução do tempo de deslocamento são fatores que devem ser comparados aos outros meios.

Durante o pouso e decolagem, requer um dispositivo de segurança contra a ação adversa externa e uma equipe de apoio com paramédico, extintor de incêndio e escada para facilitar o embarque e o desembarque.

Podem-se listar os seguintes procedimentos básicos de segurança antes, durante e após o deslocamento:

- manter-se afastado da área de pouso quando o helicóptero estiver manobrando, especialmente quando houver carga externa;
- proteger os olhos quando estiver perto de um helicóptero pousando ou decolando. Se for subitamente cegado por poeira ou qualquer outro objeto que tenha atingido os olhos, parar e abaixar-se, ou, melhor ainda, sentar-se e esperar o auxílio de alguém;
- nunca se aproximar ou se afastar pelo lado alto do terreno;

- não fumar no helicóptero ou nas proximidades sem permissão do piloto;
- não tocar na bolha (é apenas plástico), ou em qualquer parte móvel;
- certificar-se de que o cinto de segurança está do lado de dentro, antes de fechar a porta;
- colocar o cinto de segurança ao entrar no helicóptero e só tirá-lo quando o piloto autorizar;
- não chegar perto do motor de cauda (perigo);
- manter a área de pouso limpa. O sopro do rotor é capaz de mover uma enorme variedade de coisas;
- nunca jogar nenhum objeto próximo ao helicóptero;
- conduzir ferramentas e outros objetos compridos horizontalmente e abaixo da linha da cintura. Aproximar-se ou afastar-se do helicóptero curvado para a frente;
- nunca se esticar para apanhar um chapéu ou qualquer outro objeto que tenha sido levado pelo deslocamento de ar;
- em voos sobre o mar, os passageiros devem ser informados da localização de coletes salva-vidas e outros equipamentos de sobrevivência que estejam a bordo;
- devem saber como deixar o helicóptero, no caso de uma descida de emergência;
- perguntar ao piloto as saídas e os procedimentos de emergência;
- no caso de voos em regiões isoladas e desertas, todos os ocupantes devem conhecer a localização de mapas e bolsas de sobrevivência;
- saber que precauções tomar, tais como a posição do corpo para melhor proteger a espinha contra um impacto vertical;
- nas operações de pouso e decolagem, todos os passageiros e o pessoal dispensável devem ser mantidos afastados da área de manobra;

Capítulo 20

Traje, Equipamento e Armamento do ASP

"A boa aparência sem destoar do ambiente, associada a uma postura sem fazer alarde de sua presença é o cartão de visita do segurança pessoal."

Fatima Dantas

A apresentação pessoal é indispensável para o desempenho da atividade de segurança. O ASP deve ser escrupuloso no asseio pessoal (rosto limpo, cabelo, barba e unhas bem tratadas e trajar-se com simplicidade e bom gosto), assim:

- o terno deve ser escuro e folgado para dar liberdade de movimentos e encobrir a arma e seus acessórios;
- as camisas devem ser brancas para combinar com gravatas de diversas tonalidades, mais facilmente;
- a meia e o sapato devem combinar com a calça – o cinto e o sapato devem ser da mesma cor;
- o solado do sapato deve ser misto, salto de borracha e sola de couro;
- o suspensório, embora não seja comum o seu uso com o cinto, auxilia na distribuição do peso dos equipamentos;
- a sunga de banho deve substituir a cueca, por precaução;
- a bermuda, por ser mais discreta, deve ser preferida na prática aquática. Tudo isso deve ser acompanhado de boas maneiras, cortesia, tom de voz adequado ao ambiente e agradecimentos às atenções recebidas, de forma a constituir a elegância do ASP, é o seu cartão de visita, evitando-se estereotipá-lo como "truculento".

O ASP conduzirá sua arma de porte (revólver ou pistola), carregada, mais a munição reserva. Não se esquecer da segunda arma, de menor volume, do canivete de múltipla função, isqueiro, rádio ou celular com fone auricular, da lanterna tipo lapiseira, bateria reserva e das algemas para ajudar no desempenho da função. Levar também o bloco de anotações, das canetas e lápis, o extrato da documentação sobre o serviço diário, os óculos escuros, material para chuva.

O gravador do celular pode auxiliar a memória e tornar as pessoas a serem comedidas em comentários quando sabem que a reunião está sendo gravada.

O kit de remédios de emergência (antitérmico, antidiarreico, fio dental etc.) é de suma importância no serviço do ASP.

Referências

BRASIL. Constituição (1988). *Constituição da República Federativa do Brasil:* promulgada em 5 de outubro de 1988: atualizada até a Emenda Constitucional n. 35, de 20-12-2001. 18 ed. Brasília, DF. Câmara dos Deputados, Coordenação de Publicações, 2002.

BRASIL. Lei n.º 9.437, de 20 de fevereiro de 1997. Institui o Sistema Nacional de Armas (SINARM) e estabelece condições para o registro e o porte de arma de fogo, define crimes e dá outras providências. *Diário Oficial [da] República Federativa do Brasil,* Brasília, DF, 20 de fevereiro 2000. Disponível em: <http://www.planalto.gov.br>. Acesso em: 24 de junho de 2002.

CAPEZ, Fernando. *Arma de fogo:* comentário à Lei n.º 9.437. 2 ed. atual. São Paulo: Saraiva. 2002.

CASTRO, Adler Homero Fonseca; BITTENCOURT, José Neves. *Armas – ferramentas da paz e da guerra.* Rio de Janeiro: Biblioteca do Exército, 1991.

CLEARY, Thomas. A Arte da Guerra. São Paulo: Pensamento, 1998.

DANTAS FILHO, Diógenes. Segurança e Planejamento. Rio de Janeiro: Ciência Moderna Ltda, 2004

....Insegurança Pública e Privada. Rio de Janeiro: Ciência Moderna Ltda, 2009.

.... Inteligência a seu Alcance. Rio de Janeiro: Ciência Moderna Ltda, 2013

.... Retalhos de meus devaneios. Rio de Janeiro. Ciência Moderna Ltda, 2020.

ESCOLA DE COMANDO E ESTADO MAIOR DO EXÉRCITO. C 19-15, Fundamentos das Operações Militares – Rio de janeiro 1995.

ESTADO MAIOR DO EXÉRCITO. C19-15. Distúrbios Civis e Calamidades públicas – Brasília 1998.

ESTADO MAIOR DA PMDF. Manual básico de policiamento. Brasília, 1990.

Segurança e Planejamento. Rio de Janeiro: Ciência Moderna Ltda, 2004

NOTAS DE AULAS do ex-Serviço de Segurança da Presidência da República. 1990.

NOTAS DE AULA DA POLÍCIA METROPOLITANA DE LONDRES. Cours of Instruction Advanced. Shooting and VIP Protection Technique. 1992.

OLIVEIRA, João Alexandre Voss de; GOMES, Gerson Dias; FLORES, Érico Marcelo. *Tiro de combate policial:* uma abordagem técnica. Erechim: São Cristóvão, 2001.

PAGLIUCA, José Carlos Goobis. *Armas*: aspectos jurídicos e técnicos. São Paulo: J. Oliveira, 2002.

Impressão e acabamento
Gráfica da Editora Ciência Moderna Ltda.
Tel: (21) 2201-6662